读客®文化

华与华正道

走正道，很轻松，一生坚持必成功！

华杉 著

江苏凤凰文艺出版社
JIANGSU PHOENIX LITERATURE AND ART PUBLISHING

图书在版编目（CIP）数据

华与华正道 / 华杉著 . -- 南京 : 江苏凤凰文艺出版社，2021.11（2025.2 重印）
ISBN 978-7-5594-5350-1

Ⅰ . ①华… Ⅱ . ①华… Ⅲ . ①企业管理 Ⅳ . ① F272

中国版本图书馆 CIP 数据核字 (2021) 第 199251 号

华与华正道

华杉 著

责任编辑 丁小卉
特约编辑 李悄然 洪 刚 李 瑶 刘庆庆
特约策划 华与华商学
封面设计 吴 琪
责任印制 刘 巍
出版发行 江苏凤凰文艺出版社
南京市中央路 165 号，邮编：210009
网 址 http://www.jswenyi.com
印 刷 河北中科印刷科技发展有限公司
开 本 880 毫米 ×1230 毫米 1/32
印 张 12
字 数 230 千字
版 次 2021 年 11 月第 1 版
印 次 2025 年 2 月第 5 次印刷
标准书号 ISBN 978-7-5594-5350-1
定 价 68.00 元

目　录

下　篇　立正学

序　言

正道，就是易如反掌之道

华　杉

华与华营销咨询有限公司创始人

人人都说要走正道，没有一个人说“我要走邪门歪道”，但是，到底什么是正道，又如何能走上正道呢？

正道就是大道，就是平常道，就是事物发展的规律。比如，日日不断，专注坚持，一生只做一件事，就靠积累，就必有成就，这就是正道，就是事物发展的规律。

你绝对找不到一个人说他不同意这个道理的，但是，十个人里面也找不出一个能践行这句话的人。我们每天听到的，都是什么颠覆了，什么赚钱的逻辑彻底变了，什么弯道超车了，全是邪门歪道。

孔子说：“谁能出不由户，何莫由斯道也？”谁能不经过屋门就出去呢？为什么这平坦通达的大道没人走呢？这屋里的人从哪儿出去的？都走到哪条道上去了呢？

这就是实际情况，人们世世代代都这样，不走大门大道，非要翻窗、翻墙找小道，要另辟蹊径，为什么呢，因为那大门大道，他认为一眼就能看穿——我晓得的嘛！然后就排除了，眼神游离，往别的地方看，非要找一条捷径。

不能对走正道知行合一，都是因为态度不端正；态度不端正，就总是有选择性，每件事都要做个别判断，而不能将一个价值判断一以贯之，终身践行。

正道，首先是心正，就是态度端正，诚意正心，一切按原则办，没有选择性。

态度端正，才能心无旁骛，专心学习，真正掌握正确的思想理论。思想理论上的正道，就是哲学级洞察，原理级解决方案，凡事能找到真因，或者能知道自己还没找到真因。

然后呢，是方法论上的正道，所谓“路子正”。

这些都正，你就有了正气，正气就是真气。我经常听人讲“守正出奇”，说是出自《孙子兵法》。兵法我是专家，不仅《孙子兵法》没这四个字，找遍《武经七书》你也找不到。这是一句以讹传讹的错话，所以不知道是什么意思。联系他们的上下文来理解呢，大概就是平时要守正道，关键时候不能拘泥于正道的意思。那还叫“守”吗？这就是歪门邪道，原因在于他有心守正道，但是正气不足，守不住。

心正、理论正、方法正，则物来心照，了了分明，套路准确，功力深厚，出神入化，再加上正气充足，就能运入真气，要做好你的事业，就易如反掌。孟子说，王天下易如反掌。正道，就是易如反掌之道。

什么是易如反掌？就拿我的写作来说吧，就走“日日不断，滴水穿石”的正道，每天早上五点起床，五点到七点写作，八点出门去上班，啥工作也没耽误。如此日日不断，每天两千字，一年70万字，二十年1400万字，现在我已经写作出版了《华杉讲透〈孙子兵法〉》《华杉讲透〈论语〉》《华杉讲透〈孟子〉》《华杉讲透〈大学中庸〉》《华杉讲透〈王阳明传习录〉》《超级符号就是超级创意》《华与华方法》等书，正在写作《华杉讲透〈资治通鉴〉》系列，这个系列是我目前写作的最大部头，全部完成大约会有520万字，已经写了三年多，完成过半了。你看！这不是易如反掌是什么？

写着写着，我看平时记录自己思考的小段子也积累了不少，就请华与华商学分类整理、读客策划，出版了这本书，又是一掌！来吧！接我这一招易如反掌！

2021年7月25日于上海

上篇

正心术

第一章

你的修养决定了事业能做多大

起决定性作用的是命运和运气，

我们自己能做的是滴水穿石，顺应天地。

001

做人最宝贵的就是坦荡

坦荡，做人最宝贵的就是相互坦荡，我要是碰见谁不坦荡，就不想搭理他，马上停止，止损。珍惜生命，坦荡做人。

002

使命感让人能“止定静安虑得”，征服欲则让人顾前不顾后

嘴上都讲使命感，心中全是征服欲。支撑男人的，主要是征服欲。使命感让人能“止定静安虑得”，征服欲则让人顾前不顾后。没有什么比顾前不顾后更能让人毁灭的了。总结过去比开创未来重要一万倍，把过去的病治好了，未来自己就来了。想要摆脱自己的过去，轻装前进，很容易死无葬身之地。

003

人的事业大了之后，成功都是靠你的修养

人的事业大了之后，成功都是靠你的修养。因为好的修养就能够让所有你不知道的人，都愿意帮你。反之，如果一个人的修养不好，人人都盼着你倒霉，你都不知道你有多少敌人。

004

要追求做赢家，不要追求做英雄

孙子教导我们：要追求做赢家，不要追求做英雄。这区别太大了！真正的赢家是赢大概率事件，不是赢小概率事件。赢小概率事件的，是英雄，但不是真正的大赢家。这就是西谚云：“成功者在私底下偷笑，失败者占据新闻版面。”

005

保持“被低估”，才能超越他人的想象

人都觉得自己被低估了。子曰：“人不知而不愠，不亦君子乎！”被低估，总比被高估好。要仔细思考这个道理，如果终生都能保持被低估，你就超越了这个时代，死后还在进步。《中庸》说：“君子之道，暗然而日章；小人之道，的然而日亡。”

006

志向不是学生时代的事，
越是人到中年，越要立志！

我们总说抓住顾客的痛点。生活中有没有想过自己的痛点是什么？王阳明说：“持志如心痛。”痛点就是志向，一心都在自己的志向上，就没有焦虑抑郁。志向不是学生时代的事，越是人到中年，越要立志！

007

往后活多久是天命，
往前活多久，由自己来决定

生命本身就是一个积累经验的过程，活得长的意义，就是经验更多。我们往后还能活多久，由天命决定。但是我们还可以往前活，往前活多久，由自己决定。读一千年史，就是千岁；读一万年史，就是万岁。读古今中外万年史，就是万万岁。

008

大见识有二：
识英雄于微时，料结局于事先

古来大见识有二，一为识英雄于微时，一为料结局于事先。关键是识英雄于微时，你得知道该跟谁在一起，而不是只盯着舞台上的明星，荒废时光。

009

三种企业家：猎人企业家、游牧企业家、农耕企业家。我们要做农耕企业家

三种企业家：猎人企业家、游牧企业家、农耕企业家。有的企业家是猎人，不断寻找新的猎物；有的企业家是游牧民族，逐水草而居；有的企业家是农民，定居民族，一边持续改善、提高产量，一边向旁边开荒造田，都是内生式增长。要做第三种企业家——农耕企业家。

010

成功不是去寻找能创造更大成就的事，而是一生只做一件事

成功不是去寻找能创造更大成就的事，而是一生只做一件事，滴水穿石，静候佳音。由内而外，由近及远，“衣锦尚絅，恶其文之著也。故君子之道，暗然而日章”。盈科而后进，自然有星辰大海，这就是华与华的哲学。

011

成功就是勤奋，钻研，不着急

成功无非是勤奋，但勤奋一定不能着急。一着急，就成了假勤奋，光是忙，抓瞎，不能静心认真思考问题，而用忙碌来掩盖自己的懒惰。所以，一定要有钻研精神，把每一个环节分解琢磨明白。

012

人最应该焦虑的是自己还不够勤奋，要在一个地方踏实努力

人最应该焦虑的是自己还不够勤奋，而不是年景好不好。天下大势都是短期，自己的人生才是长期。爷爷辈都能经历两次世界大战，一点经济周期关我们什么事！如果你被周期了，也是自己闹的。真能在一个地方踏实努力，每一天都会比昨天更好！

013

安守本分地做事，就没人能挑战你

做没有挑战的事情，比如华与华的事业，就没有任何来自外部的挑战，唯一的挑战就是自己没干好，或者没好好干。这个世界上愿意诚实认真做事的人凤毛麟角，你能安守本分，就没人能挑战你。既不愿付出努力和时间，又老想弯道超车，满脑子都是非分之想，挑战就来了。每次听人讲挑战我都觉得可笑：阳关大道你不走，钻头觅缝找挑战。

014

文明人懂得谦让

坐大巴、中巴、飞机，到站停下后，安坐座位上，等前面的人一排一排都起身走了，再起身拿行李走的，是文明人。座位在后面，但车一停马上站起来拿行李的，是粗鲁的人。还往前挤想快点儿下车的，是野蛮人。

015

成功是一种个人品质

成功是一种个人品质。通过每一个案子，我们都要学到东西，都要取得个人进步，而且取得的进步不会还回去、不会退步，才能真正成长、成功。我们依靠的是掌握事物的原理，知道变化的真因，然后是机关算尽，因为我们知道机关在哪儿，而且知道怎么操作；然后是求真务实，没有半点虚话，没有一个废动作、假动作。这背后的本质，就是没有私心，不计个人得失。不计得失，就能诚实；对自己诚实，就有智慧；再加上经验、创意和手艺，就能立于不败。成功是一种个人品质，在做每一个案子、每一个创意设计，写每一页PPT的时候，都要仔细体会，知行合一！

016

人生两大进步品质：诚实和勤奋

人生两大进步品质：诚实和勤奋。诚者，不自欺也。诚实，首先是不欺骗自己，不懂就是不懂，不如别人就是不如别人，这样才能真心实意地学习。然后是对别人诚实，不骗人、不贪心、不夸大。如此，路遥知马力，日久见人心，你就能得到一些人的绝对信任。记住，是绝对信任，因为你绝对值得信任，另外，是“一些人”，永远不要指望赢得所有人，也不需要赢得所有人，因为有的人配不上你。诚实之后，是勤奋。勤奋不是争分夺秒，而是日日不断，滴水穿石，时间有的是，不需要着急，着急都是作死。只问耕耘不问收获，走到哪儿算哪儿，无可无不可，勤奋学习，努力工作，不要打鸡血，君子修身以俟命，等待天命。

017

要保持一生不败，需要三大性格品质：聪明、勤奋、人品好

要取得成功，并且保持一生不败，需要三大性格品质：聪明、勤奋、人品好！聪明是天生的，也可以通过勤奋获得，只是比天生聪明的人晚十年八年，不过这也没关系。但是勤奋必须终身保持，一懈怠就落后了。人品呢，你的人品，就是你的环境。

018

成才靠自己，不得志也是自己种下的因

求职者唯一的病是要就业却没有学到真本事，没有知识，没有技能，没有勤奋的好品格，没有积极的好态度。有任何一项，都是抢手的人才！现在企业缺人缺得非常厉害，中国青年没有任何理由无病呻吟，一切不得志都是你自己的错！

019

认识自己的弱点，不要挑战自我

你能说出自己的弱点是什么吗？弱点是难以改变，甚至无法改变的，而且往往是致命的。弱点就是你的局限。认识自己的弱点，就是认识自己的局限，把自己的优点发挥到极致，避开自己的弱点。不要挑战自我，挑战自我的，大多没什么好下场。

020

让人明确知道你的做事原则，做一个透明人

始终坚持原则，没有选择性，没有例外，哪怕这原则会伤害朋友，也不怕得罪人。做一个透明人，人人都知道你会怎么做，你就拥有了“最低交易成本”。你的每一句话都是真的，说的都真做，做的都真坚持。这就叫独立人格，千金不换。这就能得到充分发挥，战略自由。

021

看一个人的价值观，要看他把钱花在哪儿，还要看他是不是一以贯之

看一个人的价值观，不要听他说什么，要看他把钱花在哪儿。钱花在哪儿，他的价值观就在哪儿。另外还要看他是不是一以贯之，始终坚持。如果钱多的时候使劲花，一看“形势不好”就停，这样还是没价值。啥时候都先把这笔钱安排出来，那就是真价值观所在了。

022

诚实是智慧的根基

诚实是智慧的根基，很多问题表面上是智商问题，根本上是素质问题，对自己根本不懂的话题，还要发表看法，就是对自己不诚实。一定要养成诚实的素质，不要虚荣，诚实地面对一切，如此，就能求真务实，获得致良知的大智慧，自由自在，活在他人想象之外。

023

没有真心，难做成事儿

人哪，没真心办不了真事儿。伪君子不是那么好当的。

024

孔子说：“不在其位，不谋其政”，不要试图去操控别人

饮食男女，控制别人，人之大欲也！给朋友提建议就是最常见的控制欲发作症状。朋友给你的工作提建议，很多情况下并不是关心你，而是不自觉地想要操控你，满足他的操控欲而已。你的事业越大，他越要给你“递折子”，一旦你接受他的建议，他就获得了一种操控大事的满足感和炫耀的资本。这就是添乱的人。老板如果耳朵根子软，而“朋友”又是有点身份的人，就永无宁日。所以，孔子说：“不在其位，不谋其政。”闭上你的嘴，就是积德。

025

不要掩耳盗铃，做个得道的真君子

有的人啊，他光明、正义、聪明、睿智，但一旦涉及一点点切身利益，就啥都忘了，掩上耳就能当众盗铃。有些事咱不能干，无论对方怎么不对，咱都不会干，那才是得道的真君子啊！

026

如果你心胸开阔，就会看到天地之大

跑第一的人眼睛里看不见别人，他看见的是全世界。跑后面的人，前面的屁股就是全世界，所以落后者日日夜夜都盯着别人，因为别人挡着他的道。跟别人攀比是典型的“坐井观天”思维，都是自己挖口井跳进去，然后跟井里的人比。如果你心胸开阔，就会看到天地之大，就不会为别人纠结了。

027

我们要尽可能地掌握“人类总智慧”，运用它服务顾客

我的书没有一个字是新的。所有我触达的地方，前人都已经耕耘过多次，并且有定论。我的任务，只是对他们的成果做出一个知行合一的“思想组合”，这算是一种创新，但是并没有诞生什么新理论。

你也不要相信任何“新理论”，认为自己搞出了新理论，唯一的原因就是读书太少！如果真有新理论，早就拿诺贝尔奖了。我从六岁就开始关注诺贝尔奖，你看诺贝尔经济学奖的评选结果，有时候都觉得是些鸡毛蒜皮的事情，因为实在是前人没给我们留下什么办大事的空间。

德鲁克是集大成者，但他完全不在诺贝尔奖考察范围内。为啥？因为他没有新发现、新理论。学术为天下之公器，没有什么是“自己的思想”，我们的职责在于尽可能地掌握自己所在领域的“人类总智慧”，运用它服务顾客，不是为自己欺世盗名。

028

有恩必记、有诺必记、常识必记

对人：有恩必记，有怨可忘。

对事：有诺必记，无诺可忘。

对知识：常识必记，书本可忘。

029

好人品：真心祝福朋友的成功

朋友有困难，你只有一碗饭，也分半碗给他吃，这不算什么人品好，因为很多人都能做到。

朋友比你强，变得比你成功，你能受得了，安之若素，真心祝福不嫉妒，那才叫人品好，因为一般人都做不到。

030

做个实在的好人，
而不做标榜社会责任的伪君子

一个好人，首先是孝敬父母，照顾家人。然后是关心员工，有福同享。最后是对顾客负责，创造价值。其他就不用问了，肯定差不了。最无耻的是那些标榜社会责任的伪君子。

031

江湖气+书生气，二气合一，则文质彬彬

人要能成事，懂得解决问题，必须得有点江湖气，不能只有书生气。所谓“明哲保身”，江湖气就是明于事，书生气是哲于理，二气合一，就是文质彬彬了。

032

凡事有得有失

凡事有得有失，但人的“失去敏感性”很强，而“得到敏感性”很弱，所以往往就为了不失去，宁愿不得到。这是一种决策弱点，很多人都有。

033

人性的弱点就是患得患失，反复纠结

就是说我这么做了，以后不管结果怎么样，我都不会后悔，那我就这么行动了。人性的弱点就是患得患失，反复纠结，不知道这样损失最大，是从事业到人生的全方位损失。

034

影响战略判断、决策和行动的，往往是一些人性的缺陷

影响战略判断、决策和行动的，往往是一些人性的共性缺陷，判断总是基于一厢情愿，决策总是基于侥幸心理，而如果还未错过时机，就绝不行动。

035

有“不平等的错觉”更危险

人们感受到的不平等有两种：

1. 不平等。

2. 不平等的错觉。

不平等危害社会，而不平等的错觉危害性也不小。

036

别太把自己当回事

别太把自己当回事，是人生快乐的关键。

037

起决定性作用的是命运和运气，我们自己能做的，是滴水穿石，顺应天地

无论事业、婚姻、家庭，还是个人的身体健康，起决定性作用的都是命运和运气。对世界和社会，我们自己能控制的只是很小一部分，我们全部的努力，就是把这一小部分做扎实，然后听从命运的安排。不要有思维的僭越，否则就是一厢情愿；不要有行为的僭越，否则就是揠苗助长。是谓：滴水穿石，勿忘勿助，顺应天地，化育万物。

038

随时想一想，我们今天所获得的，都是我们不该得的，只是机缘运气罢了

我们应该随时想一想，我们今天所获得的，都是我们不该得的，只是机缘运气罢了。要费尽力气，才能保住今天。而不是反过来，对自己已有的不珍惜，嗤之以鼻，心中装着另一个我，比现在的我厉害一万倍，那就是要作死了。

039

把成功归功于运气，就不会过分自信

所有的决策背后都有情绪的参与，所有的成功背后都有运气的参与。决策时多观照自己的情绪，可以避免一些错误决策。把成功归功于运气，就不会过分自信。成功人士的过分自信和一厢情愿的侥幸心理，是管理心理学的常见病，而且是顽症。

040

人生的关键是掌握自己时间的主动权

时间权是人生的高级权力，是对工作和生活的平衡，这是人生智慧。

人的时间应当分成三份：工作、家庭和个人独处时间。除此之外还得安排出时间脱产学习。不管你怎么安排，关键是掌握自己时间的主动权。忙碌的人，往往都是被别人牵着走，事一多，就被“五马分尸”了。

041

真实做人，就能多出时间干正事儿

为什么我们一定要真实，要直来直去？因为我们有真学问、真本事，真实对我们有利。为什么我们不跟人闪烁其词捣糨糊，谁捣糨糊我们就毫不留情撕碎他的画皮，因为捣糨糊我们吃亏。让那些捣糨糊的人见了我们都不敢说话，把嘴巴闭得紧紧的，我们就能多出时间干正事儿。

042

要有任何时候都不荒废时间的意识

比如，老师讲课，你没有记笔记，这时间就荒废了。靠耳朵听能记住什么呢？一定要把老师讲的每句话都记录下来。能有任何时候都不荒废时间的意识，人一生不知道能学多少东西，做多少事！每个人都说自己忙，其实人人都在混！

043

能决策、不拖延，是成功之本

世间最难的事，是让人做决策，因为一般人觉得不决策也没什么损失，而对新的决策有恐惧。比让人决策更难的是让人行动，因为拖延症发病率是100%。我自诩为行动力最强的，也经常有拖延，或者说每天都有不同程度的拖延。人生如果能决策，不拖延，不知道能干成多少大事！

044

人生追求：不拖延、日日积累、不迟到

1. 任何事不拖延，先“干”为敬。该干的干完了，活得舒坦！

2. 日拱一卒，不疾而速。不要搞闭关，会战就是每天干一点，你就当是刷牙，总不会有一天没时间刷牙吧？

3. 提前到是不迟到的唯一方法，提前完成是按时完成的唯一方法。

045

无论立什么志，做什么事，
贵在永不停息，下日日不断之功

无息，就是一刻也不停息。无息则博厚，就是厚德载物；无息则悠远，就是永续经营；无息则高明，就是活在他人想象之外。无论立什么志，做什么事，永不停息，下日日不断之功，秒杀一切血脉偾张，发愤图强。

046

“抓紧”是一种紧张状态，一放松就没了；日日不断，才是自由

“抓紧时间”是伪命题，“日日不断”才是真功夫。“抓紧”是一种紧张状态，一放松就没了。日日不断，走到哪儿算哪儿，不计穷通得失，夭寿不二，这才是圣人的自由。

047

生命历程之节奏：生活规律，匀速前进

生活规律，匀速前进。如果运气来了，被加速，则顺天应命。如果遇到不可抗力，被减速，则守道、俟命。

048

把握自己命运的方法，就是学习、积累和等待

人生的命运，始于偶然，你遇到了一些人和事，改变了你的轨迹，上了某个轨道。上了轨道之后，才开始能把握自己的命运，把握的方法，就是学习、积累和等待。求不败，不可求必胜。必胜之道，就是崩溃之道。

049

正心术，立正学，走正道

趋利避害，人之常情，所以临事决策，总是衡量得失。但是，经验、学识、智慧都有限，判断不能准确，就会贪巧求速，就会走弯路，就会倒退反复。唯有正心术，立正学，走正道，才能一以贯之，勇往直前，活在他人想象之外。

050

把每一件事都当成未来的伏笔来对待

如果你把每一件事都当成未来的伏笔来对待，你就是在实践华与华方法的“滚价值雪球”。这雪球会越滚越大、越滚越快，机会全往你身上卷，这种卷，有一个词叫“席卷”，不过我觉得还是滚雪球的感觉更准确。

051

成功者都是遵循了最基本的原则，每天抓最基础的工作，而非用奇谋巧计

成功者都是遵循了最基本的原则，每天抓最基础的工作，而不是用什么奇谋巧计。创意会在行动中自己显现出来。最难发现的，从来就是最显而易见的。你没去做，就不会知道。要行动起来，动员起来，创意自己就会来，不用你冥思苦想。

052

以德服人就是以钱服人

在某些情况下，以德服人，就是以钱服人。能把钱给别人，别人就服你。把“德”给别人，人家不要。

053

成功的关键不在于策略多么伟大，而在于一以贯之

策略不在于一心追求差异化，而在于“善与人同”。人们发家的时候都恨不得抄袭别人，有点钱之后，反而失去了善与人同的能力。成功的关键也不在于策略多么伟大，而在于一以贯之。不能坚持，是因为不能放心。大道体宽，简易明白，很多事不在于不知道，在于做不到。而做不到，就不是真知道。

054

人生最大的挑战，
是和自己的懒惰、懈怠作斗争

人生最大的挑战是什么呢？就是和自己的懒惰、懈怠做斗争。从小到大，都是这一个挑战。

055

人性的大弱点，就是懒惰，全身心投入做事，
才能把每一分钟都过得有价值

人性的大弱点，就是“懒”和“惰”。每个人每天都会偷懒，都有惰性，要全身心投入去做事，积极思考行动，还坚持不懈，那是难上加难！宁愿混过去，也不愿改变。工作主要是完成任务，听课主要是在走神儿。能认识到自己的这个弱点，把每一分钟都过得有价值、有目标，工作就工作，休息就休息，学习就学习，锻炼就锻炼，娱乐就娱乐，发呆就发呆，那就能进步十倍。但就是不要在工作学习的时候呆痴！

056

拖延症：屁事优先，无事则忙，有事则拖

拖延症的人并不闲着，他比你还忙！他只是有一个习惯，把重要的事，必办的事，和一切他知道要办的事，都先放一边，然后去看看还有什么事。屁事优先，无事则忙，有事则拖，是拖延症患者的最高原则。

057

积德就是集义而生，读书就是惟精惟一

一命、二运、三风水、四积德、五读书，要知行合一，前三条在天地，自己能做的就后两条，积德与读书。积德就是孟子说的集义而生。读书就是惟精惟一，日日精进。

058

雄才和大略，二者难以兼得

雄才和大略是两个东西，难以兼得。刘邦有大略无雄才，秦始皇、成吉思汗则有雄才无大略，雄才大略都有，还能自己提剑上阵砍杀的，三千年来，唐太宗一人而已。至于汉武帝，不过凭祖宗基业在炫耀，是乘凉的不是栽树的。

059

接受失败是人的基本素质，避免抱薪救火

每个人都会失败，接受失败是人的基本素质。但是人性不愿意接受失败，总想着“Never give up！永不放弃！”于是就抱薪救火，走向毁灭。

060

骄傲也是一种自卑，自卑就会让人犯错

不要自卑，不要自卑，自卑会让人犯很多错。当你豪情满怀，内心充满骄傲的时候，往往就是你自卑的时候。

061

财务自由不是你的钱够花一辈子，而是你把所有的钱全花光也不在乎

有多少钱能有财务自由？答案是无论你有多少钱，都不等于财务自由，钱是越多越不够花。家有斗金不如日进分文，你必须有永久性收入。永久性收入不是有房产可以收租，是你有能力挣钱，并且确信自己未来能挣更多钱，越来越能挣，越挣越多。这样你就有了财务自由。我们对财务自由的定义，不是你的钱够花一辈子，那啥也不是，而是今天你可以把你所有的钱全花光也不在乎，这才叫财务自由。

062

才高者，德亦高

所谓君子和小人，很多时候不是道德问题，是认识水平问题。才高者，德亦高。

063

谋事在人，成事在天，随时要准备妥协

凡事不可势在必得。最后得到的人，都不是当初势在必得的人。一开始就势在必得的人，往往死得最快，谋事在人，成事在天，要随时准备妥协。要靠人成事，不懂得妥协，就是自杀，这都是千百年历史反反复复的教训。

064

要修来福分，不要夺取胜利

“要修来福分，不要夺取胜利”这是我读史的感慨，表面上是争天下，本质上都是修德行。浅薄的人只看到“争”，看不到“修”，搞错了游戏规则。

065

“企业家”不要鄙视“商人”

“企业家”不要鄙视“商人”。时不时有人站出来，说他是企业家，不是商人。我觉得没有比这对商界更有害的言论了。“士农工商”“无商不奸”，中国传统中矮化商人、仇视商人的文化，是中国建立商业文明的大敌。如果商界巨头自己也要把每个人划一下成分，谁是企业家，谁是商人，这水就搅得更浑了。

066

要关注终身“成就”，
不要在意一时的“成功”

要“集义而生”，不要“义袭而取”。要关注终身“成就”，不要在意一时的“成功”。“止定静安虑得”，志有定向，止于至善。

067

做生意，要有愿望，为市场提供什么样的产品和服务，不能只有赚钱欲望

你要心里有一个愿望，要为市场提供什么样的产品和服务，为消费者创造什么样的生活价值。越是无我，越能做得准确。如果老想着我这东西怎么好怎么能卖出去，就容易做出一些一厢情愿的决策。

068

钱可以给大家花，时间最好多留给自己花

不要钱不舍得给别人，时间却稀里糊涂都捐出去了。

069

人生的价值：为这世界创造新的价值，或找回失去的价值

人生的价值不在于“争第一”的奖杯，而在于为这世界创造新的价值，或找回失去的价值，或守护传承没有我就会消逝的价值，这才是真实的圣杯，是“为天地立心，为生民立命，为往圣继绝学，为万世开太平”。而“第一”，什么是第一呢？都是自己假想一个比赛项目和参赛人群来争第一，不仅没有给世界增添新价值，而且出了这范围就不是第一了。

070

要摆脱忧、惑、惧，靠的是读书、修养、教育

从事咨询业二十多年，感受最多的是企业家的恐惧。恐惧和疑惑、忧郁交织，频频动作，无非都是想一举摆脱这忧、惑、惧。而实际上，要摆脱忧、惑、惧，不是靠经营，而是靠读书、靠修养、靠教育自己，对“仁者不忧，智者不惑，勇者不惧”知行合一。

071

征服没有止境，只有心怀无我的大爱和使命，追求超越成功的不朽，才能活在他人想象之外

靠成功和征服欲望驱使，成就不了伟大的人生。历史上最伟大的征服者，亚历山大、拿破仑、成吉思汗，他们虽然改变了世界，却也毁灭了无数人，甚至毁灭了自己。因为欲望和成就永远无法平衡，征服没有止境。只有心怀无我的大爱和使命，追求超越成功的不朽，才能活出常人想象之外的自由。

072

观点要明晰且站得住脚

词语的散沙无法支撑观点的大厦。很多疑似观点的观点，轻轻摇晃一下它的用词，它就垮塌了。

073

人要养成“贵言”的习惯，每一句话都言之有物，必有事焉，不要扯淡

金钱只是一个数字，那是指别人的钱。我有一些身家比我多一两个零的朋友，他们的钱，对我而言就是个数字。如果是我自己的钱，那就不一样了，我每一分钱都有计划。而且，万一，我说万一哈！万一以后我的钱也增加了一两个零，我也有预案安排，不会只是一个数字。为什么要讲这个，因为我最讨厌人扯淡！都不知道自己在说什么，他就张嘴瞎说。平时喜欢说这种瞎话的人，开会谈正事他也是满嘴瞎话，总之他说的话都和正事无关。人要养成“贵言”的习惯，每一句话都言之有物，必有事焉，不要扯淡。知行合一，从“不扯淡”开始！

074

不要说自己都不信的话

不要说自己都不信的话，培养这个习惯，就是修行“知行合一”的开始。自己说的话自己都不信，是一个非常普遍的烂习惯。说的人自己不信，听的人也不信，说的人知道听的人不信，听的人也知道说的人知道他不信，但是他们还是谈得很投机，都不当真。

把什么话都当真，就是知行合一。

075

不要信口开河，确保自己所说的，都是自己真知道的

今天考核讲解公司案例，重点是杜绝信口开河。不是每个人都熟悉每个案例，对自己不熟悉的部分，不知道就不要说。确保自己所说的，都是自己真知道的，不要含糊其词，不要自欺欺人。

076

要学会接受吃亏

把亏吃下去，要学会接受吃亏，至少要认识到三点：

1. 出来混，不吃亏是不可能的。

2. 你越不想吃亏，越要吃更大的亏。

3. 把亏吃下，就亏到这儿了，吃完了，结账了。

077

尽量多吃亏，加大保险系数

说“好人有好报”的，都不是好人。好人根本不要报。说“吃小亏占大便宜”的，都吃不了亏。吃亏不是为了占大便宜，是为了不占别人便宜。因为怕占便宜，尽量多吃亏，加大保险系数。“吃亏避免占便宜”才是人家的理念，也是一种骄傲：咱们是专门拿便宜给别人占的，哪能占别人便宜呢？人们往往因为不甘心吃哑巴亏，反而吃更大亏。其实哑巴亏也不那么难吃，转过头去，吃了就吃了，人还能一辈子不吃亏吗？

078

吃亏的三种境界：

1. 不能吃亏，一旦吃了亏，各种受不了。

2. 吃亏是福，能吃亏，用有福报来安慰自己。

3. 就愿意吃亏，最怕占人便宜。

英雄人物都是第三种，一旦发现自己占了别人便宜，就像吞了一只苍蝇一样恶心，非得立马吐出来，才能气顺心平。由于怕占人便宜，就随时注意多吃亏，与人交往，先吃点亏垫垫肚子。

079

讲“舍得之道”的人，
往往是因为他不舍得

这世上不存在什么“舍得之道”。“舍得”是一种性格，一种人生态度，不是一种有目的的“道”，不是计算过通过舍多少可以得多少。凡是讲“舍得之道”的人，他都不舍得，是想“得”想疯了的一种表现。

080

要舍得多花“冤枉钱”，这样碰上刀刃的概率比较大

如何把钱花在刀刃上？答案是多花冤枉钱，这样碰上刀刃的概率比较大，就容易成功。如果想把所有的钱都花在刀刃上，那就根本碰不上刀刃，这人就没出息了。

081

钱最贱，人最贵，贵的人，时间更贵

能花钱办的事，绝对不要花时间。能用钱办的事，绝对不要用人。能外包给别人干的事，绝对不用自己人。钱最贱，人最贵，贵的人，时间更贵。别人再贵，也比自己人便宜。自己人最贵，所以要加大投资培养自己人。

082

要多考虑别人的利益

你对别人的利益考虑得越多，你得到的利益就越多。

083

要对自己落袋的每一分钱保持不安——到底对人家有什么贡献，拿了人家的钱？

你利用形势把自己利益最大化了，明天它就会反弹回来。应该把自己利益最小化，就是自己满意就行了。今天拿多了，明天就要加倍还。今天比自己“该”拿的少拿一点，那钱都存在那里，还有利息。宁愿吃亏，不要占便宜。不要“落袋为安”，要对自己落袋的每一分钱保持不安——到底对人家有什么贡献，拿了人家的钱？

反过来，要“没落袋为安”，我又没拿你的钱，你跟我嘚瑟啥？

第二章

想明白自己要什么

人生两大问题，
一是啥也没有，二是啥都想要。

084

找好定位，练好手艺最重要

你思考的层面太低，事物的本质就会完全在你的想象之外。找好自己的定位，练好自己的手艺，别老是七个不服八个不忿的，这样并不能获得进步。

085

不要心太大

从事咨询业二十多年了，见证了很多的失败，都是老板心太大。“心有多大，舞台就有多大”，这话太害人了。人生只需要成功一次，不要为了夺取更大胜利，反而输掉了老本。一切依靠点滴的积累，滴水穿石都可以滴穿地球，何必加速，弯道翻车。

086

人只能赚一种钱，不要啥都想要

人性的弱点，就是不关注自己已有的，老盯着自己没有的，无论在事业上还是感情上，都是这样。做低端市场的，想搞个高端品牌；做高端市场的，想进入下沉市场。我常说："留点钱给别人赚行不行？"人只能赚一种钱，不要啥都想要。每个企业都有它的最佳规模和边界，不要把企业扩张到失控为止。

087

想明白自己到底要啥，就要啥有啥了；一旦真正搞懂一件事，就对其他事没兴趣了

人生两大问题，一是啥也没有，二是啥都想要。第二个问题是解决第一个问题的钥匙。想明白自己到底要啥，就要啥有啥了。学习也是两大问题：一是啥也不懂，二是啥都想懂。第一个问题是解决第二个问题的钥匙。一旦真正搞懂一件事，就对其他事没兴趣了。

088

时刻清醒地认知自己的定位

任何时候你都得清醒，知道自己是干啥的。你是干广告的，就好好干广告。老想弄点儿别的，搞点儿自己的追求，弄出点儿“不朽”的作品，那就越来越自欺欺人了。

089

“聚焦”就是努力钻研，
掌握你所在领域的“人类总智慧”

什么叫聚焦？就是努力钻研，掌握你所在领域的“人类总智慧”。如果你居然还能给这个“人类总智慧”添砖加瓦，那就是对人类有贡献。如果你有这个志向，自然就会一生只做一件事，对其他事没兴趣了。否则，就是游戏心态，看见什么都想玩一把。

090

多关注自己该干的事，少关注别人的事

一个人最糟糕的就是，该自己干的事，真没办法；对别人干的事，特有想法。

091

对自己的时间要“铁石心肠”，与自己聚焦的事无关的不参与

对于“非礼勿视，非礼勿听，非礼勿言，非礼勿动”，除了理解孔子本意，我还把“礼”延伸到我的志向上。如果你想有所成就，就要对自己的时间“铁石心肠”。与自己聚焦的事无关的，不仅不参与，而且不收听，不收看，从一开始就屏蔽。

092

抵制诱惑，不乱行动

成功的秘诀，就是抵制诱惑，绝不干那些明知道不会成功的事。

093

只读自己非读不可的书，其他的书，非礼勿视

子曰：“行有余力，则以学文。”读破万卷书，不如把一件事做彻底，是为“凡事彻底”。陆九渊说，尧舜以前有何书可读？如果不尽心尽力，不遗余力地做好每天的平凡事，总惦记着一年要读多少本书，就把读书变成了一种玩物丧志。只读自己非读不可的书，其他的书，非礼勿视。

094

随机应变是一种思维缺陷

没有缺陷的思维，是先往前想，之前本来可以在哪个环节解决此问题，不让它出现。再往后想，改进流程，以后再也没这问题。至于这回，恐怕就“平仓止损”得了。如果你习惯了随机应变还自鸣得意，那你一辈子都在随机应变，你还以为你能变出花儿来吗？只会把自己变没了。

095

以不变应万变，而不要随机应变

这世界瞬息万变，一共有一亿万变，我始终不变，就能应对其中亿分之一，即一万变。以不变应万变，不是能应所有的，而是应一小部分。能应一万变，也是万倍于普通人的成功了。如果什么都想要，“随机应变”，以为哪儿哪儿的都是你的，最后就会找不到自己，一无所获。

096

见识越少，越觉得人人都在变；见识越多，越能看见“不变”

见识越少，就越觉得年年都在变，人人都在变。见识越多，就越能看见亘古不变。

097

不要盲目求变，有时改变并不能解决问题，反而让我们失去更多

我们常常会认为A有某方面缺陷而放弃A。这样的决策往往有两个后果：

1. 我们失去了A的价值，而那个价值正是我们生存的前提。

2. 缺陷并没有得到解决。很多时候人们都盲目谋求改变，却认识不到那改变并不能解决问题，反而让我们失去更多。

098

做事不要跟风，也不要往风口跑

千万不要赶潮流，潮流是赶不上的。千万不要往台风口跑，跑去都是一片狼藉。人要在一个方向坚持努力。至于台风大潮，那都是天意。

099

人们总会夸大自己所处时代的变化

人们总会夸大自己所处时代的变化，每年都宣称遇到了百年不遇的挑战。而实际上，你稍微读一下历史，把过去一百年的大事儿捋一捋，就会发现自己一直是温室里的花朵，哪里遇到过什么挑战！最大的困难，无非就是钱不好赚了，走路上捡不到了，赚钱需要有点本事了，如此而已。

100

新观念不一定是正确的

有的人啊，一得到一个错误的新观念，就把正确观念称为“传统观念”。

迷途的羔羊呀！

101

时刻控制自己的边界，要学会“知止”

人成功之后，在征服欲的驱使下，会不断拓宽自己的边界，一直到失控为止。我的哲学，是绝对控制自己的边界，这就是《大学》里讲“知止定静安虑得”的“知止”。只在自己这一亩三分地里深挖，那边界外的世界就不要了吗？要的，但不是我去抓，是等他自己来。这就是“知止定静安虑得”的“得”，也是“修身齐家治国平天下”。他不来怎么办？这个问题不存在，只问耕耘不问收获，不将迎意必，“无可无不可”。

102

不要做随波逐流的人，过去、现在、未来都属于有一技之长的人

其实，过去、现在、未来，都属于有一技之长的人。不必讨论未来属于懂什么的人。你懂什么都行，老研究未来属于懂什么的人，你就是随波逐流的人。

103

忠臣有立场，奸臣则无立场

忠臣有立场，有观点，不计个人得失，始终坚持自己的意见；奸臣没有立场，没有观点，一切服务于个人得失，观察老板的意思，投其所好，见机行事。人都喜欢跟自己意见一致的人，所以奸臣永远得到老板喜欢。奸臣附和甚至鼓励老板的错误意见，即便最终结果是错的，因为是老板带的头，他也没有责任。

104

要敢于说出实话，而不是一味从众附和

人类审美的最大公约数，就是皇帝的新装，每个人都说它美，因为它什么也不是，什么也没有。人们发表看法，只是为了管理别人对自己的看法。至于对事物的鉴别能力，他们是不具备的。他们确信的一点就是，一切自己能理解的东西，都是不应该被欣赏的，因为“太直接了”。

105

所谓坚持原则，就是不出卖原则

“原则上”不是原则，是可以被打破的原则。

所谓坚持原则，就是不出卖原则，愿意为原则付出代价，能拒绝只要放弃原则就能马上到手的利益。很多人的原则都不是原则，而是“原则上”，就是可以被打破的原则，他就容易以为别人的原则也可以被打破。

我的原则不可打破，因为除了原则我一无所有。

106

对自己不知道的事保持沉默，对自己真知道的部分，坚持意见绝不动摇

大部分事情我们都不知道，我们只知道一小部分，但我们是真知道。对不知道的事情，不归我们管的我们不说话，不给建议；归我们管的我们只等待，不动作，让事物自己发展，我们接受结果。我们真知道的部分，坚持意见绝不动摇，压倒性地投入去干。最糟糕的是反过来，啥都想知道，妄图全知道，频频出招儿。或者啥也不知道，犹疑不定。

107

只做自己最擅长的事

有人说思维不要像锤子，看见什么问题都当钉子，遇到螺丝怎么办？我说："大哥！留口饭给人家拿螺丝刀的兄弟吃。"只做自己最擅长的事，做到全世界最擅长。

108

先认识到什么事情是我们做不到的，然后再积极地去做现在能做的事

华与华所起的作用首先是消极的，然后才是积极的。消极，是认识到我们认知的界限和能力的界限，认识到什么事情是我们不知道、做不到的，然后再积极地去做现在能做的事，哪怕是一件小事，先把它做到，把成果拿到。这种消极的意义是巨大的，能让我们避免一厢情愿的侥幸心理，堵塞一切错误的源头。

109

干一行，爱一行，不投机，不外慕

唯一要关注的是，我到底在哪一个领域，能成为对社会有用的人。然后，倾其一生积累，成为十四亿人或七十五亿人当中最有用的那一个。至于这个领域的选择，完全是由参加工作早期的命运决定的，遇上哪个命运，就接受哪个安排。干一行，爱一行，不轻于去就，不投机，不外慕，不动心，不走神，志有定向，滴水穿石。

110

成天关心新闻和沉迷于打游戏差不多

不是时事不重要，而是它在我们的实际工作和生活中，重要性排序太低了，实在是排不上。成天关心新闻，和沉迷于打游戏差不多，都是玩物丧志。

111

要认识到我们知道的有限，能做的事情很少，然后把最少的事情做到最彻底

寻找确定性的道路，需要缩小确定性的目标，把更多的空间留给运气。想要得到一切，不过是一厢情愿的幻想。要认识到，并接受现实——我们所知道的有限，我们能做的事情很少，然后把最少的事情做到最彻底。把最小确定性的目标实现，则运气上不封顶。想要的东西太多，则所得下不保底。

112

专注做事，自然不缺回报

有的人一直不专注，所以从未赚到钱；有的人钱多了就不专注，之后就没赚过钱；有的人一直专注，一直赚钱，一直赚钱，一直专注，就赚到了超出别人想象的钱。别人因为没专注过那么长时间，所以想象不到这买卖也能赚这么多钱，说给他听，他也不会信。这就是我二十年来目睹之几类人。应该一辈子就干一件事儿，最好的状态就是不惦记钱，也不关心赚钱的机会，只专注于干自己的事儿，钱就来了。钱来了之后，就更专注于干自己的事儿，更不惦记钱，更不关心赚钱的机会，钱又来了……钱又来了之后，就更专注于干自己的事儿……又来了……更专注……又来了……更专注……

113

首先解决既定安排的第一件事

我的习惯不是要事第一，而是既定安排第一，多大诱惑也不乐意为它打乱既定安排和节奏。否则插进来的“要事”太多了。

114

放弃顺应外部环境，一心修炼自己的本事

关键是把握两点：一是当我改变自己就能多获得利益的时候，我不要那利益。二是不认为我通过改变自己，就能解决外部环境的困难，有损失就买单，绝不要“把失去的夺回来”。

放弃顺应外部环境，一心修炼自己的本事，一以贯之，始终不变，活在自己的世界之中，活在他人的想象之外。

115

若想挣钱，想的招儿越多，就越挣不到

你如果想把事情做好，总能找到办法做好。你若想挣钱，想啥招儿你也挣不到，想的招儿越多，就越挣不到。

116

不要盲目地“见人优先”，要案头工作优先

我们在时间安排上，总是盲目地优先“见人”和会议日程，排日程，就是排会议和会面计划，没有会议又不见什么人的，就算“有空”。随时来了个什么人要见面，就又把这个“空”填了。这个习惯一定要改！先把自己的案头工作排了，然后再去见别人，不速之客不要见！他就是那种没时间计划的人，临时发现自己有了“空”，就拿你去填。实际上你对他也并不重要，你说没时间，他马上就翻电话本找下一个备胎了。拒绝这样的临时约见不需要有任何心理负担。人生就是时间安排，不会安排时间，就是浑浑噩噩过一生。

117

我们不能伟大，往往是因为不肯平凡

与其说《孙子兵法》博大精深，不如说它简易平常。博大精深和简易平常是同义词。我们不能伟大，因为我们不肯平凡；我们总是把事情弄得很复杂，因为我们羞于简单；我们不能成为赢家，因为我们不懂认输；我们不能拥有，因为我们没学会珍惜。

118

不贪心，才能节约精力办大事

凡是可挣可不挣的钱，一律不挣。这个意识有了，才能做到可干可不干的事，一律不干；可参加可不参加的活动，一律不参加。这样才能集中时间办大事，只有大块大块地使用时间，随时能调度充裕的时间，才能成就大事。不贪心，就有时间。时间第一，因为人生即时间，时间是最特殊的资源。

119

不要荒谬地觉得别人有的我都要有

“人无我有，人有我优，人优我变”是没头脑的胡话。但人们就那么荒谬地觉得别人有的我都要有，还要比他的好！不知道“人无我有，人有我无”才是自然生态。人家有的你都有，你样样都比别人强，可能吗？别人不活了？

120

人们总是习惯用“复杂”来营造安全感

杰克·韦尔奇说过，你很难想象让人们做到凡事从简有多艰难，也很难想象人们对凡事从简的畏惧。这个我见得太多了，很多人畏惧简单，总需要用复杂来抚慰自己。如果事情还不够复杂，他就会很恐慌。你给他把事情弄简单了，他还不敢相信！

121

世上根本没有复杂的事情，要相信“简单公理”

简单公理：这世上根本没有复杂的事情，所有的事都很简单。复杂是因为你不会干，遇到这种情况，你要相信“简单公理”，找到简单之道，或者，找别人来干。当然，还有一些事很“复杂”，老干不成，那是人家不愿意干，说复杂是骗你的。

122

愿意大材小用，才会下学而上达

成功的秘诀，就是大材小用，虽自命不世之材，五百年才出一个，但是不贪心，愿意一辈子就做一件小事，这就有机会名垂青史。人人都容易自命不凡，高估自己，导致好高骛远。愿意大材小用，“下学而上达”，就负负得正，平衡回来了。

123

成功都会带来不同程度的膨胀

人一成功就膨胀。每个成功者都会大大膨胀一阵子，并始终保持一定程度的膨胀。不过我也见过始终保持谦虚谨慎的，那种力量实在是太强大了。这始终谦虚谨慎的人，也有他随时释放自己的膨胀的方式，蛮有意思的。世界是公平的，如果成功的人都谦虚谨慎，后人哪有出头之日啊！

124

大师做事是以失败为假设前提来思考的，先避免失败

什么叫大师，大师就是知道自己跟别人一样，上手去干，多半是大败亏输，所以特别谨慎，总是以失败为假设前提来思考，先避免失败。若有吹嘘自己神机妙算、战无不胜的，那不是大师，是大失所望。

125

撇去不必要的顾虑，干就完事

对某些追求完美的同志说一句：不要怕自己水平低，别人水平更低！动手干最重要！上！

126

砍掉多余的废行动，少干活儿！

传授一个迅速完成任务的超级绝招儿，就是——取消任务。大多数人们想干的事儿根本都是不需要干的，都是庸人自扰，都是给自己添乱。成功人士都动作极少、极简单，动作越多的越干不成事儿。我们的一贯口号是：少干活儿，多挣钱！面对每一件事先想一想：这事可不可以不干？

要工作，不要制造工作。但公司里往往有两拨人，一拨人工作，另一拨人制造工作。

127

重复创造一种事实感，创造相信，带来行动

重复创造一种事实感，创造相信，带来行动。维特根斯坦说过，重复创造一种节律，什么是主旋律，就是乐章中不断重复的那一段，没有重复，就不能成为主旋律。拿破仑说宣传三部曲：“断言、重复、传染。”那人们为什么不愿意重复，老是要搞点新创意呢？因为怕别人说自己没干活儿，没用。为什么怕别人说自己没用呢？因为自己确实没啥用，所以没法自信。

128

唯有具体的行动，才能带来结果

哲学级的思考，基于词语、因果和逻辑，清洗词语的定义，靠逻辑推进，探寻最根本的因果关系。把握现状，找到真因，制订目标，规划出实现结果需要采取的行动。将该行动立项，明确成果物，则可以制订计划。唯有具体的行动，才能带来结果。

129

只问耕耘，不问收获

有一个很强烈的感受，随着年龄的增长，逐渐明白一些词语的真正含义。比如说女孩子年轻漂亮，以前以为是又年轻又漂亮的意思，不年轻后才知道年轻就等于漂亮。“只问耕耘，不问收获”，现在明白这是一种主动，不因贪心而被控制，我耕耘过了就耕耘下一个去，你爱来不来。

130

善攻者动于九天之上，要活在他人想象之外

人的认识来源于经验，当事物超出了他的经验，甚至超出了他的想象时，他就认识不到。“善攻者动于九天之上”，活在他人想象之外。你远在他射程之外，但他不知道，要向你射出嫉妒之箭。若干年后他认识到了，服了，曾经挑战过你，就成为他一生的荣耀，可以说给子孙们听了。

131

用成果物思维去思考，并落实到具体行动

随时思考，但绝不空想。一定要落实到一个具体行动，而行动前要先定义成果物。一个成果物，就是一个资产，能永续产生效益。

132

只有深刻认识运气原理，才能理解不败兵法

人们总是在失败的时候，认为是自己运气不好；在成功的时候，就全部归因为自己的本事。只有深刻认识运气原理，才能理解不败兵法。每个人都有好运和坏运。如果你想抓住所有好运，就大开风险敞口，那你很可能在百战百胜之后，就突然一败涂地。我们需要做的，是堵塞一切坏运，明哲保身，修道保法，滴水穿石，日日不断，我们只需要等待，好运自己会来。在积累的过程中，平台不断垒高，运气就越来越好，越来越大，鸿运的气象，充塞天地。

133

少关注未来，多回望历史，对过去犯过的错，认真复盘总结

我们预测不到特朗普上台，也预测不了新冠肺炎发生，预测不了美股熔断，现在也预测不了哪个国家会怎么样。德鲁克说，未来只有一点是确定的，就是肯定跟我们的预测不一样。所以，少关注未来，多回望历史。过去犯过的错，认真复盘总结，下次不要再犯。

134

快乐的三个层次：比较的快乐，自我实现的快乐，随心所欲自然而然的快乐

最低层次：比较的快乐，比别人强就快乐，一看别人比自己强就受不了；中间层次：自我实现的快乐，不在乎别人，只在乎实现自我，实现不了就焦虑，实现了快乐一会儿又追逐下一个目标；最高层次：随时随地、随心所欲、自然而然的快乐，以至于根本不思考什么叫快乐。

135

工作最重要的是钻研精神，钻研的关键在于记录

每个人对自己的业务都钻研不够，无一例外！知道自己钻研不够，就要去钻研。

钻研首先始于记录，记录数据。不要夸夸其谈“大数据”，而要养成随时随地记录自己的行为产生的数据的习惯。

其次，记录之后要整理，找到数据结果和作业动作的对应关系。

最后是复盘，日三省吾身，是对自己的每一天进行复盘。小组要一起对每一项工作进行复盘，回顾过去比展望未来重要一百倍，如果对过去不认真复盘，就会再次掉进过去的错误里。一个步骤一个步骤地复盘，一个动作一个动作地复盘，才能找到成功或失败的真因。在复盘中钻研，钻研工法，持续改善，最终实现全公司的技术进步。

136

我们终其一生，都是在盲人摸象，要始终锚定最终目的

任何一个领域，都有该领域的“人类总智慧”，这个“人类总智慧”，在数学、物理等自然科学领域比较明确，在社会科学领域则比较模糊。但是，模糊的不是那学问本身，而是人的辨别能力，再加上总有人要把水搅浑，以图浑水摸鱼，所以民智永远不能开化。你以为黑白分明，他却能指鹿为马。正邪之战，永无休止。“为往圣继绝学”，就是要获取这个总智慧，知行合一，而不是自以为有自己的一套。“吾生也有涯，而知也无涯”，所以，我们终其一生，都是盲人摸象而已。这摸索要有一个锚，就是始终锚定最终目的。

137

笔下有财产万千，笔下有人命关天

我们每天的工作，都是程度不一的盲人摸象。只有随时警醒这一点，才明白“笔下有财产万千，笔下有人命关天”，小心行事。

138

目标一定要具体，一定要有挑战性，一定要是有能力实现的

人的行为受目标引导。在没有任何奖励的情况下，仅凭目标设置到位，也能获得持续增长的业绩。目标一定要具体，一定要有挑战性，一定要是有能力实现的，能接受的，并且要有及时的反馈。所以，设置目标很重要！

139

不要信任要确认，只有加强“确认”意识，才能尽量减少错误

送各位一句管理格言：“不要信任要确认。”只有加强“确认”意识，才能尽量减少错误。所有错误都是低级的，但后果是很高级的，甚至是摧毁性的。

140

目的越明确，决策则越有效

对广告语和设计创意方案的决策，当老板只是单纯地想靠这个方案赚钱的时候，他的本能会驱使他选择正确的方案。当他有赚钱之外的其他追求的时候，他会想法很多，定不下方案。当他不是单纯地想赚钱，而是想赚更多钱的时候，他会选择错误的方案。

141

思考问题一定要单纯，要和最终目的直接相关

思考问题一定要单纯，要和最终目的直接相关，比如“品牌年轻化”，应该列入禁止思考的伪命题。因为并不是年轻化了，就能卖了，而且年轻化无法定义。只有找不到真正问题所在的人，才会讨论这些问题，假装自己在思考并且有见地，其实满脑子都是皇帝的新衣——啥也没有。

142

要将自己的观点、立场、抱负、行为一以贯之

为什么一以贯之这么重要？就是我的观点、立场、抱负、行为始终不变，任你地球千百转，我该干吗继续干。不能一以贯之，就每年都颠覆、每年都迭代、每年都转换赛道，就像热锅上的蚂蚁、飞轮上的仓鼠，忙乎个不停。子曰：“吾道一以贯之。”又说：“后虽百世可知也。”再往后一百代会怎样也知道，何必一年震撼自己一次？未来就像足球赛，你永远无法预测比赛的输赢，但球是怎么踢的，一直就那样。

143

做事心中有底气，
怎么想就怎么做才是真厉害

如果你在做一件事的时候，总是很在意怎么做才能让别人认为你很厉害，那就是典型的虚荣心。如果你在做一件事的时候心中有底气，自己怎么想就怎么做，那么恭喜你！你厉害！

144

一个人能挣钱，他必定是降低了社会的
交易成本，为社会解决了某些问题

挣钱本身是个专业，只是没有得到应有的承认。一个人能挣钱，他必定是有创新，必定是降低了社会的交易成本，必定为社会解决了某些问题。如果能有“挣钱博士”学位，有“诺贝尔挣钱奖”，社会就进步多了。

145

是金子总会发光，
没被看到是因为你的价值还不够大

人们时常苦恼，甚至怨愤于别人认识不到自己的价值。其实，唯一的原因是你没价值，或者价值还不够大。等你真正有价值那天，就会发现你根本没工夫搭理那些认识不到你价值的人。

146

这世上没有雅，也没有俗，
不要怕人家把你看俗了

车上有朋友说跟我在一起“雅俗共赏”，我说这世上没有雅，也没有俗。菩提本无树，明镜亦非台，雅或俗那是心病！用佛法来说，是你存了“分别心”。从心理咨询来看，是你的虚荣心、自卑心，不自信，老害怕人家把你看俗了。

147

凡事都要高大上，是一种穷人思维

凡事都要高大上，是一种穷人思维。我也有这种心态，因为都是穷出身。但是，我是真金白银、真高大上，经常遇到在设计上跟我讲高大上的，我心中都暗暗叫苦：你哪里知道什么叫高大上哦！

148

灵感来自经验、现场和“无我”

灵感从三个地方来。一是从经验来，没有丰富的经验，就没有灵感。大部分创意都不是想到的，而是知道的，知道有人这样干过，而且能成。二是从现场来，一切答案都在现场。三是从“无我”来，这是最重要的。老是关注自己的表现，关注别人怎么看我，就无法关注解决问题。

149

越有经验的人越能一眼看穿没有经验的人，但没有经验的人不知道

比如我一个有钱的大哥跟我说："只要比我钱少的人，我一看就知道他有多少钱，因为我知道有多少钱是什么状态。"我呢，也有一些体会，比如做我这一行，写文章发帖评论别人的作品，说应该如何如何的，甚至还做一个方案出来比试的，我就知道他没生意做。你如果问我有什么看法，涉及具体商业项目，我没收钱是绝对不会谈看法的，那是我的商品啊，值好多好多钱呢！怎么能免费发表呢？所以我一看那些对别人的项目在网上公开发表方案的，就知道他的方案从来都卖不了钱，他免费干活儿习惯了，对钱完全没概念。

150

如何管理时间？做到铁石心肠、制定节拍、不追热点

时间管理三大法宝：

1. 铁石心肠。没有什么抹不开面子的事儿，我的时间我做主。

2. 制定节拍。尽量固定自己的日程，到什么时间干什么事。

3. 不追热点。追热点就像街上有人打架，你围观，还评论，最浪费时间。

151

错误的决策，往往就是因为想要的太多

关键不在于你想要啥，而在于你能得到啥。企业对品牌和广告方案做出错误决策，主要病因就是想要的太多，但是对自己能得到什么没判断。不懂得把目标放低。目标一定要低，然后确保把它拿到手，目标太高，最后就会竹篮打水一场空。

152

创意永远是极限挑战，见得多，才能超越更多

一旦你有了正确的认识和方法，策略工作就基本没什么难度，了了分明。但是无论你掌握多少方法，创意永远是极限挑战。如何提高创意水平？就一条，见得多，掌握的资料多，类似课题别人以前怎么做的你全见过。

153

有高度是有的东西你看一眼就知道了，有创意才是把那个东西做精彩

我们的事情分为有高度和有创意，有高度就是你有那个思想，有的东西你看一眼就知道了，一秒钟，零成本。有创意才是把那个东西做精彩，这需要的时间投入就大了。

不过，高度是别人无可替代的，创意则有方法工业化生产。

154

自由四大原则

人生最可贵的是自由自在，人人都想“财务自由”，殊不知财务并非自由的充分条件，有钱的人更加不自由。自由一是有志向，持志如心痛，一心只在自己的志向上，就不会为外物所动。二是分清要与不要，可要与可不要，少要一点，只要对自己最重要的部分，其他“该”属于我的也可以不要，让给别人。人们总想“既要，又要”，啥都想要，犯“两多综合征”，想得太多，想要的太多，就把自己整疯了。三是不外慕，不羡慕别人，不跟人攀比，对别人，我从来只有“同情”，没有羡慕。四是原谅自己，从不自责，凭自己的良知和个人的决定行事，做错了，闯祸了，也自己接受。我心安宁，自己消化。

155

明白简单的道理不丢人

人们为什么总是不能明白最最简单的道理？因为他觉得这也太简单了吧？明白这个？那也太丢人了，显不出智商啊！弱智就是这样练成的。

156

成功的四大法宝

成功的四大法宝：

1. 知行合一。知道自己在说什么，也知道自己在做什么，而且所说即所做，不说废话，不搞废动作。

2. 真因。任何事情找到真因，不要因为害怕暴露自己的无知而匆忙接受一个解释，然后煞有其事地假装在研究。对没有找到真因的，知之为知之，不知为不知。

3. 最终目的。凡事始终服务于最终目的，上通天理，下接地气。不要在中间晃荡，做什么都与解决问题无关。

4. 实诚。对人实诚，不玩虚的。因为我们是真有实力，玩儿虚的我们吃亏。

157

对自己知道的做到知行合一，并切实笃行

子曰："知之为知之，不知为不知，是知也。"王阳明说："知行合一。"对自己不知道的，知道自己不知道，制订学习计划或放弃学习目标。对自己知道的知行合一，切实笃行，就是我的知之道了。

158

知行合一，是解决困惑的根本方法

我书里写过这个问题，知行合一，你问自己能践行什么？能践行时时勤拂拭，还是能践行本来无一物？多少困惑，都是矫情。反正你哪条都不去做，瞎困惑啥？如果你去做，根本没什么困不困惑。

159

辩生于末学

韩愈曰："辩生于末学。"此言至理！我向来拒绝与人辩论，明白就拿主意，不明白别瞎说。

160

论证不如行动，言行一致，知行合一，行动会带来改变

想说什么你就说什么，说人话，说口语，下断言，给结论，然后不断重复说。别研究怎么说，别论证。论证不如行动，没有行动，断言就成了谎言，结论就成了欺骗。要言行一致，知行合一，行动会带来改变，会生长出价值和新的境界，到时候你自然知道下一步怎么做。

161

该知道的不知道，就是最大的罪

“不知者不为罪”是中国最糟糕的文化之一。该知道的不知道，就是最大的罪！

162

一个人真正懂得了一件事，他就知道什么叫“懂得”，就不敢，也不愿意随便乱说话

什么都不懂的人，在《西游记》里，叫“肉眼凡胎”，在《哈利·波特》里，叫“麻瓜”，专业跟不专业，是两个世界，多少年的修行，才修成那功夫！仗着自己狂妄无知，就敢发表评论？有一天你真正在一个领域取得真经了，你就知道不敢在别人的地盘放肆，对在你的地盘放肆的人，也就没耐心了。只有什么都不懂的人，才什么都敢发表意见。一个人一旦真正懂得了一件事，他就知道了什么叫“懂得”，也知道了什么叫“不懂”，就不敢，也不愿随便说话了。

163

知行合一之难：
一到关键时候，人们就会放弃原则

说“慢就是快”，还是想快，一到关键时候，他就会放弃原则。说“吃亏是福”，还是想要“福”，一到关键时候，还是不能吃亏。知行合一之难，就在这是非曲直、天人交际之处。

164

不能知行合一，至少要言行一致；
不能行为完美，不妨说点丑话

有的书必须一读再读，不是为了背诵那些警句，而是反复对照检查自己，我是否真的一条一条地按那些我信服的原则去做了？我的行为是不是和我喊的口号完全一致？不一致的地方，我是改口号，还是改行为？不能知行合一，至少言行一致。不能行为完美，不妨说点丑话。

165

大多高谈阔论、思想的盛宴，实际都是搅和思维的泡沫，散布精神的迷雾

多少高谈阔论，所谓的思想盛宴，都是搅和思维的泡沫，散布精神的迷雾。听众在烟幕弹的爆炸中兴奋地吸毒，演讲者则哗众取宠，浑水摸鱼。道高一尺，魔高一丈，为往圣继绝学，为当世杀毒，正本清源，是三千年代代相传的使命。

166

要学习行为背后的逻辑和文化，并马上切实笃行

学习，变成一种行动反射，才叫知行合一。你知道他们行为背后的一切逻辑和文化，并且自己也马上切实笃行，这才叫学习。否则，假装感动地说“值得学习”，既廉价又无趣。上回那“千亿老人在虹桥机场排队等出租车”，我就不转发也不点赞，因为那个我不准备学习。

167

知行合一，是人类最后的哲学，也是人与人最后的区别

哲学催生了科学，又逐渐被科学所替代。维特根斯坦终结了哲学，他说过，凡是能说清的，都已说清；凡是没有说清的，都无法说清。所以哲学结束了，止于语言的边界。那么，在语言边界之外，就只剩下知行合一。科学也不能超出语言边界，就算有了脑机接口，也只能传给你语言编码，不能传给你知行合一。所以，知行合一，就是人类最后的哲学，也是人与人最后的区别。

168

没有知行合一的学习方法和习惯，学习就成为“伪学习”

知识转化率，理想的标准应该是1000%，就是颜回的“闻一知十”。及格线是300%，所谓举一反三。为什么知识转化率低，是没有“学习学”，没有切己体察、事上琢磨，没有知行合一的学习方法和习惯，学习就成为“伪学习”，空转。

169

人生信条：好好学习，天天向上

我的人生信条，无非是八个字：“好好学习，天天向上！”关键在于知行合一。

170

有什么样的认知模式，就会得到什么样的认知

格物致知，“格”是认知模式，有什么样的认知模式，就有什么样的认知。鸡同鸭讲，因为认知模式不一样。我们研究问题，总想建立体系，建立方法论，就是建立认知模式，建立求解的路径。但是，建立体系，必先基于若干假设。在体系不完善不满意的地方，又不免牵强糊弄。所以，任何体系，都不可靠，必须保持怀疑和开放。作为认知事物的认识论，必须选择保守主义，而不求完美解释。作为解决问题的方法论，必须基于行为主义的观测，而不轻易设定公式。如此，才能在知行合一中前进。

171

知行合一了，才是真知道了

动脑，是思考；动嘴说，是更高级的思考，因为你需要组织语言去说；动笔写，是更更高级的思考，因为写的东西会留下来，你会努力打磨得更精确，所以不是“下笔如有神”，是下笔就有神！按格式去写，是更更更高级的思考，因为你把每一个格子都按规矩填上，就是完全穷尽，相互独立，算无遗策，滴水不漏，这就是格物致知。

动手去做，这比思考更高一级了，叫学以润身，形成肌肉和腺体的记忆和反射，这就是知行合一。知行合一了，才是真知道了，具备思考能力了，可以重新思考了。为什么说“人们一思考，上帝就发笑”？因为绝大多数的思考，都和事物的本质无关。

172

学习不是学习某种“精神”，而是要模仿行为

乔布斯说，要把电脑里面顾客看不见的布线和焊点也做得非常美！那么，我们把自己平时看不到、够不着的地方也打扫干净，就算学到他的一点皮毛了。如果只学习“精神”，那就是自欺欺人的不学习的借口。

173

理论的本质是解释问题，方法的本质是解决问题，但不能用解释对照解决问题

理论的本质是解释问题，方法的本质是解决问题。解释比解决“档次”高，拿诺贝尔奖的都是搞解释的，不是搞解决的。但解释不等于解决，也不能用解释对照解决。解释必须解释一切，是共性的。解决则针对的是具体个案，还各有各的风格，是个性的。

174

读书是为了求用，不是为了求解

读书是为了求用，不是为了求解。知行合一，用就是解，用上才能得解。没用上，都是误解。有时一段书，各家各有各的解，谁的对？你看你用得上哪个。若是用不上，谁对谁错跟你都没关系。

175

读书不是为了寻章摘句，背得些“知识”去显摆我知道

切己体察，是对照自己，代入自己：“如果是我，我怎么办”。必有事焉，是放到自己的具体事情上琢磨运用。读书不是为了寻章摘句，背得些“知识”去显摆我知道。王阳明说过，谁要你记得？你若记得，未必晓得。你若晓得，不必记得。

176

学习进步的两个前提：一是立志，二是诚心

第一，不立志，学习就不能聚焦，不聚焦，就啥也学不成。

第二，如果不是诚意正心追求真理，而是老想把客户“搞定”，那就找不到真因，学不到真经，不能进步。进不了这一步，就开始不了下一步的学习，永远没有突破。

177

做个全心全意的读书人，才能从教育中得到收获

一大把半拉子读书人，是每个时代的常态。教育是只有少数人能够有成就的东西，无论你怎么卖劲地教，也只有一小部分人能够从你最热情的投入中有所收获。

178

书不是读懂的，而是对照你的经验，有的一种共鸣

批判“死记硬背”是完全错误的，就是要不懂也背，等遭遇那经验时，就恍然大悟升华了。书不一定要马上读懂，实际上所有的书都不可能完全读懂。因为书不是读懂的，而是对照你的经验、作者的经验才懂的。懂，是一种共鸣。有时是先有经验，读书对上了。有时是先读到书，后来印证了。

179

人生意义，在于“思想生活”

生活，有工作生活，家庭生活，休闲生活，还有一个思想生活。人，就是一个思想，我思故我在，世界就是我的思想，我思想的进步，就是我的世界的进步。如果我的思想没有进步，世界的进步只是让我被甩得更远。所以，无时无刻不思想，才是人生的意义。

180

知道的东西都会忘掉，学到的东西才能受益终生

知道和学到的本质区别：知道的东西都会忘掉，学到的东西才能受益终生。上了四天的管理学概论课，老师太“知道导向”，反复地要我们记住每一个管理理论，记住每一句话都是哪个理论家说的，不要混淆，否则作业没分。

181

学习是一种意识，和虚心无关

“学习”与“虚心”无关。从小被教的“虚心学习”这个词真是害了不少人！因为这词一下子设置了学习的障碍，提高了学习的成本，不虚心就不学习了，而虚心，是一件很难的事！膨胀要容易得多！学习是一种意识，和虚心无关，你可以骄傲地学习，无耻地学习。山寨别人的人，哪有什么虚不虚心的？

182

一切学科都是历史学，要掌握一个领域，就要看过去耕耘过它的人的全部思想成果

一切学科都是历史学，如果你要从事某一领域，就要掌握过去三千年所有在这领域耕耘过的人的全部思想成果。如果你认为自己有什么前人没有的新思想，那是因为你读书太少！如果说我们有什么比古人知道得更多，那就是我们知道他们，他们不知道我们而已。

183

任何人和事，都有其文化原型，掌握文化母体理论，就能对发生在自己周边的人和事迅速归类

人是文化母体的子孙，任何人和事，都有其文化原型，掌握文化母体理论，熟读历史案例集，对发生在自己周边的人和事，就都能迅速归类，对上他的历史文化原型，就能预知后面的发展，因为历史剧本上都有。

184

先在生活中整体学习，再读书，才能真正提高

在生活中学习，是整体学习，学到的也是事物整体。在书本上学习，是支离的学习，学不到整体，还可能学歪。只有已经在生活中整体学习过，再去读书，你才能真正提高，进入系统学习。所以孔子说：“行有余力，则以学文。”有生活经验才能读书。

185

只有系统学习，才能算无遗策

学习，一定要系统学习，不能碎片学习。碎片学习，只能是在你有系统之后，自己知道哪儿还缺一片，然后主动去寻找，把那一片补上。如果没有系统，就会迷失在碎片空间而不自知，知识变成想当然的混乱疯长，只是加速闯祸。谋事必须算无遗策，认识有盲区，思考有遗漏，就会满盘皆输，而只有系统学习，才能算无遗策。

第三章

对他人时刻保持低期望

别人可以对你好，

但你不要指望别人对你好，更不能要求别人对你好。

186

对事对人，永远保持低期望

对任何事，永远保持低期望。低期望，就能坚持，就能付出。期望值太高，则很快因失望而放弃。为什么总是不求回报的人得到最大回报，就是这个原因。

187

摒弃“好人有好报”的思维，真正体会到“为善最乐”

要彻底摒弃好人有好报的思维，不期待回报，真正体会到“为善最乐”，生活就充满阳光快乐了。

188

时时提醒自己：只要恩，不要仇

恩仇、恩仇，没有恩就没有仇。因为有恩，所以结仇。怨恨一个人，常常不过是因为他过去对我很好，现在没以前那么好了，前后一落差，就别有幽愁暗恨生。在对方看来呢，则更是气愤："我以前对他那么好，想不到他对我居然这么大意见！"这都是人性的弱点，所以需要时时提醒自己：只要恩，不要仇。

189

别人为我做了什么，铭记在心；我为别人做过什么，随时清零

别人为我做了什么，铭记在心，知恩图报。

我为别人做过什么，随时清零，别放心上。这样幸福指数更高，否则就苦了。

190

说话做事，一定要事先考虑别人的用心

每个人都有自己的用心，所谓“别有用心”，就是我有我的用心，别人有别人的用心。说话做事，一定要事先考虑别人的用心。

191

让坏关系随风而走，让好关系天长地久

当好朋友做了伤害你的事，你不要反击，不要反应，因为那样会把他往更坏里推。一般来说他不是要伤害你，只是那样符合他的利益，他心里是不安的。你不计较，他会加倍对你好，你们还能继续分享这友谊的价值。我看到很多朋友为一件小事翻脸，都是狭隘。

192

“仁义”不是“仁”和“义”

“你不仁，莫怪我不义”是个伪命题。什么叫仁义？仁义就是仁义。如果人家不仁，你就可以不义，人家仁不仁解释权又归你，那不仁义的就是你了。

193

人往往只看到别人的不义，看不到自己的不义

要按我们说的价值观去经营。人往往只看到别人的不义，看不到自己的不义，又“智足以拒谏，言足以饰非”，周围的人再一捧，就膨胀了。伟大的人物，也有他的“超级弱点”。防范自己的超级弱点，是每一个企业家最生死攸关的任务！

194

对他人零期望，是幸福和感恩之源

自己做好人，不要要求别人。别人可以对你好，但你不要指望别人对你好，更不能要求别人对你好。对他人零期望，是幸福和感恩之源。

195

不能全指望别人，要自己多努力，多付出

每个人的态度都应该是付出努力，付出代价，然后接受结果。别人可以帮你，但你不能全指望别人。

196

对服务我们的人，要心存感激；
对我们服务的人，要保持尊严

任何工作都是服务他人。面对服务我们的人，能心存感激与谅解；对我们服务的人，能保持原则与尊严，此礼之道也。倘若对服务自己的人不讲礼貌，必然对自己的服务对象卑躬屈膝，那就是没有尊严的人。

197

多思考怎么对别人好，
你就会得到幸福的回报

重要的是学会自己如何对待对方，如何心里装着对方的期望，如何为对方付出。多思考怎么对别人好，你就会得到幸福的回报。老是“以我为本”，等着有人来无条件捧着你，那必然很容易失望，甚至导致人生失败。

198

对他人没有期望，剩下的就全是惊喜和感恩了

感恩有益健康。如何拥有一颗感恩的心？核心理念是对他人零期望。没有期望，就全是惊喜和感恩了。人性的弱点是老觉得别人都欠自己的。自己帮了别人一回，就刻骨铭心，终身难忘。别人对自己有多大帮助，根本感觉不到。

199

幸福很简单：对喜欢你的人好一点

幸福来得很简单，就是对喜欢你的人好一点。但人们总是把喜欢自己的人晾在一边，和反对自己的人斗得火热。就像人总是很在意谁抢了他的饭碗，而记不住谁给了他饭碗，这就是人性的弱点。

200

多批判自己，少批判别人

我们听完别人演讲，提问是为了解决自己的问题，不是为了指出别人的问题。不要去指出别人的问题，看他怎么辩解，而要关注我到底能向人家学到什么。学习第一，批判第二；多批判自己，少批判别人。

201

人性的弱点：不为爱而活，一心只为假想敌

真正的强者，对过去与自己有利益冲突的人，是一心盼他好。因为他好，就跟你没关系；他倒霉，就会认为都是你害的。寒山问拾得："世间有人谤我、欺我、辱我、笑我、轻我、贱我、恶我、骗我，如何处治乎？"拾得曰："只要忍他、让他、由他、避他、耐他、敬他、不要理他，再待几年，你且看他。"这最后一句"再待几年，你且看他"，就把拾得的境界暴露了，还是惦记着他，期待着看他倒霉。人性的弱点，就是不为自己活，不为自己爱的人活，也不为爱自己的人活，一心只为假想敌。

202

做人要做学习型，不要做纠错型

读书和交友一样，要看他好的地方。如果纠到一点错就拒之门外，就无书可读、无友可交了。做一个学习型的人，三人行，必有我师。不要做一个纠错型的人，老纠别人的错。

203

不要评判思维，要价值思维

对一个人，或一件事、一个方案，你不要一上来就评判他好或坏、对或错、接纳或拒绝。而是要关注他有什么价值，这样你就能得到价值。没有人经得起评判，但每个人都有价值。

204

一个人选择一种哲学，因为他本身就是那样的人

方法论的不同，背后是世界观的不同。世界观和方法论，就是哲学。一个人选择一种哲学，因为他本身就是那样的人。

205

如果你在别人心目中的形象和你与他的距离成反比，你就是好人

我提出一个“形象距离原理”，如果你在别人心目中的形象和你与他的距离成反比，你就是好人；成正比，你就是坏人。什么意思呢，离你越近的人，越觉得你好，那才是真正的好人，因为他们看见了你的行为。孟子说他善于养浩然之气，就是说他不干坏事，“行一不义，杀一不辜，而得天下，皆不为也”。能做到这一步，还管什么“形象”！谁要说什么让他说去，他跟我又没什么关系。他在我心目中形象不好了，他都不着急，我还着急我在他心目中形象不好吗？

206

养士之论：广博其见闻，知文明之始末

广博其见闻，开阔其视野，进步其思想，架构其知识，登世界之殿堂，交天下之英才为友，丰富其耳目、口腹、肢体、心神之体验，然后知文明之始末，天下之大势，风土人情之异同，则可以为咨询设计之士矣！

207

给客户提供他需要的东西，而不是他想要的东西

给客户他需要的东西，而不是他所说的他想要的东西。因为他想要的东西总是在变，而我非常清楚他真正需要什么。

不要客户一出题，你就答题。他出的题可能是错的。客户不知道他要解决什么问题，就跟乔布斯说的“消费者并不知道自己需要什么，直到我们拿出自己的产品，他们就发现，这是我要的东西！”是一个道理。

208

有实力，才会实在

实在，是因为有实力在。虚话，是因为虚弱。

209

别人是鼓动他的贪和急，从中渔利，而我们是强拽着他，一起克服人性的弱点

现在我演讲，主要讲哲学，因为遇到的问题，都是哲学问题。最高的效率是不返工，最快的进步是不退步。听的时候都频频点头，做起来就要返工退步。为什么呢？因为忧、惑、惧、急、贪，不愿意集义而生、“暗然而日章”；总想“义袭而取”，无惧“的然而日亡”。帮助人们学到几千年圣人传下来的那一点真骨血，改掉几千年人人都有的那几个老毛病，就是华与华最大的使命。我们的工作是“反人性”的，因为别人是利用人性的弱点鼓动他的贪和急，从中渔利，而我们是强拽着他，要一起克服人性的弱点。

210

没优势的人接受不了说真话

一个人接受不了说真话，无非就是一个原因——说真话他没优势。所以，一定是大家都说空话，说虚话，说假话，他才有操作空间。这种人，别搭理他，就是要对他进行真话轰炸！

211

不要立人设

企业家最愚蠢的就是要做道德模范。“人设”，本身就是伪君子的词汇，做什么人就是什么人，设计啥呢？《孙子兵法》讲“将有五危”，覆军杀将的五种性格缺陷，虚荣是很重要的一种——“廉洁，可辱也”——把自己扮得很高洁，就要受辱。所以有“君子自污”的生存之道，你穿得一身清白，谁都想给你泼点污水。自己先搞脏了，别人也没兴趣搞你了。

212

求名必有辱，君子当自污

做人万不可做道德楷模，特别是时常用道德的最高标准来批判他人。这样会将社会对你的宽容空间压缩到极限，人人看你都牙痒痒的，稍有微过就会被放大一万倍。所以古之君子讲究自污，身上保有一些污渍，不要炫耀自己一尘不染，否则不小心染一次就遗臭万年。

213

不要怕别人批评，重要的是赞成你的人，而不是反对你的人

亮出你的观点，不要怕别人批评，更不要跟批评你的人开骂战。对于你来说，重要的是赞成你的人，而不是反对你的人。

214

学会享受批评

被批评是成功者的特权，要学会享受批评。

215

不要过度在意别人对你的看法

别人是谁呢？就是离得远的人，没有直接交道的人，甚至正在洽谈的客户，都不必在意。在意谁呢？在意你身边的人，公司的员工，正在合作的客户。他们对你的看法，才是唯一重要的。不要反过来，外面的人觉得你很好很厉害，身边的人觉得你不过如此，甚至认为你欺世盗名。理解了这一点，知行合一，就理解了“近悦远来”。真正的好人，优秀的人，离他越近的人越觉得他好，越觉得他厉害；跟他接触时间越长，越不断发现他的好，不断理解自己之前没理解的厉害之处。这就是颜渊说孔子，喟然叹曰：“仰之弥高，钻之弥坚，瞻之在前，忽焉在后。”

216

不要那么渴求社会对你的尊重，培养自己尊重自己的能力，强大自己的内心

不要那么渴求社会对你的尊重，最重要的是培养自己尊重自己的能力，当你内心强大了，你就不那么在乎别人了。否则搞得饭也不会吃了，路也不会走了，款也不会捐了。只有自己尊重自己，才能得到解放。

217

不要搭理那些辱骂你的人

阮玲玉25岁就自杀了，留下四个字遗言：“人言可畏”。到今天我们还为她痛惜，到今天我们也不知道到底谁说了她啥。这是她自己的错，人性的弱点，就是不关注爱她的人，只关注骂她的人。全国人民都爱她，她感受不到；一个人辱骂她，她就把他当全世界。那骂你的人，就是粪坑里的一条虫，你搭理他，他就攀上你的枝头，准备化蝶了；你不搭理他，他就粪归粪，土归土。人们不明白这个道理，根本上也是一种狂妄，就是所有人都必须爱我，不能有一个唱反调的。

218

人生最大的悲剧，莫过于有人质疑你，而你居然回应他

要做出题者，不要做答题者，因为题是答不完的，答完一道又有一道。而且你越是高调答题，就越是鼓励全世界人给你出题。人生最大的悲剧，莫过于有人质疑你，而你居然回应他。

219

不要为负面信息去做公关

落后就要挨打，成功就要挨骂。当你成为知名人士或品牌，就极大地降低了社会监督你的成本，你会每天都生活在批评中。很多所谓“负面新闻”，本质上并没有多负面，由他去吧，何必投入那么大资源去“公关”，“公关”反而可能得到更多的批评。

220

不要回应诬陷

被诬不辩，当你被人诬陷，一定不要辩解。因为他就等着你辩解，拉开架势把水越搅越浑，从中渔利。诬陷没有事实依据，只要你不回应，它就传不起来。你一回应，就被卷进了是非旋涡中心。你可能认为就是要把事情辩清楚。错！事情过后，人们只记得你在“是非”里，不会记得你是“是”还是“非”。

221

不要追求完美形象，因为完美必然意味着欺骗

人也好，企业也好，一定不要追求完美形象。因为你不可能完美，完美必然意味着欺骗。标榜完美会给自己套上枷锁，降低社会对自己的宽容度，直至零容忍。最后你发现你会因为做了三件好事不小心说成了四件而身败名裂，而那干了八件坏事的大家还替他说话。冤不冤？一点都不冤。谁让你有虚荣心！

222

治疗受伤幻觉：被质疑是成功的伴侣、说话要有利原则、世上根本没有阴谋

如何治疗受伤幻觉？

1. 被质疑泼污是成功的伴侣，是成功者的特权和享受的一部分。

2. 说话要有利原则，不要有理原则。要说对自己有利的话，不要说自以为有理的话。

3. 世上根本没有阴谋，阴谋论是失败者的思维角度，会阻碍你做出理性决策。

223

做人不要做只有思考，没判断，特执着，没结论的人

最怕碰见什么人呢？就是有思考，没判断，特执着，没结论的人。无论你说什么，他都提出一大堆思考。你问他想怎样，他说听你的！

224

宁跟明白人打架，不跟糊涂人说话

明白是明白人的精神特权，宁跟明白人打架，不跟糊涂人说话。见的人多了，深感明白实在是一种精神特权，不明白的人无论怎么殚精竭虑也拿不到那权杖。明白人拿这权杖点石成金，不明白的人抱着金子当石头。当然，还有狡诈之人，揣着明白装糊涂。

225

人人都会干蠢事，不仅和地位高低无关，甚至与智商也无关

看到历史上的蠢人，我们一方面想他为什么那么蠢，一方面要认识到我们自己肯定不比他聪明。毕竟他是大人物，能写进历史的，我们是小人物。可见人人都会干蠢事，不仅和地位高低无关，甚至与智商也无关。人为什么会干蠢事？这真是个哲学课题。

226

人人都有认知盲区和个人偏好的弱点

一个人不管怎么贤明，都有两个弱点，一个是认知盲区，一个是个人偏好。当了老板，他就要把公司或公司的人都捯饬成自己喜欢的样子。有时候你觉得他该管的管，不该管的怎么也要管！那“该管的”，是他的职责；那“不该管的”，是他的个人偏好而已。

227

目光短浅，归根结底是哲学问题

一般来说，“成功”的企业家不承认自己目光短浅，周围的人也觉得把“目光短浅”这个评价加之于他恐怕是有点过了，但实际上很恰当，他就是目光短浅。短，是只看到眼前一两步、两三步，看不到五六步，看不到终局，不能根据终局制定战略；浅，是只看到表层，一两层，看不到哲学层面。归根结底，都是哲学问题。

228

自信就是自知

1. 自信就是自知，这世界总有些事你能做，另一些你不能做。

2. 消极的时候就消极一会儿，你不会一直积极，也不会一直消极。

3. 与痛苦共存，而不是试图忘记。

4. 丢脸是自以为丢脸而已，别人早忘了。

5. 面对别人的优秀就是面对学习机会。

6. 做人的最高境界是爱他人，不卑不亢。

229

人生要为报答支持者而活，不要为打击反对者而活

人生要为报答支持者而活，不要为打击反对者而活。每一个支持者都是恩人，每一个反对者都是路人甲。但是绝大多数人都认为被支持是天经地义，无须理会。而被反对是天理难容，必欲除之而后快。其实，这是一种狂妄。

230

切莫为了面子而做决策

昏庸的决策，都没有逻辑！那有什么呢？只有情绪！只有面子！人会为自己的面子而死，很多人都是要面子不要命。

231

不要搭理那些反对你的声音

参读麦克卢汉《理解媒介》，热点事件和热点人物，就是一个媒介，通过这个媒介，找到一个极端角度，平时不能发出声音的人，就能向全社会发出自己的声音。他们自己也不在乎观点，能发声就行，观点跟你相反就行，越是极端，声音就越大，越能让自己得到关注。这跟拉登撞世贸大厦是一个道理，都是撞击一个超级媒体。撞别的地方就没这效果。你越是愤怒，他的效果就越好。你要是跟他辩论，他更高兴，因为这样他就能上桌了。所以，别搭理、别转发，来一个拉黑一个。

232

不要去“维护”自己形象，负面信息是成功的副产品

不要去“维护”自己形象，那是伪君子干的事。不要有点“负面”就受不了，负面信息是成功的副产品，习惯了就好！我们要维护管理的，是自己的行为，不要做坏事。至于“形象”，不要放在心上。如果你非要管理形象，你就反着来，感谢大家指出我的错误，其实我的错误比你们指出的大多了，还有好多你们不晓得的，我只能做到这样。这样，保证有人站出来为你辩护，不用你动嘴。为什么？你要知道自己对大家的本质价值是什么，是媒体！名人就是媒体，大家都是拿你当媒体，来表现传播他自己，他一定要表现差异化的观点，就是跟你反着来。

233

我们发表观点，是为了找到同类，不是为了改造别人

我们发表观点，是为了找到同类，不是为了改造别人。君子为自己而活，为悦己者而歌，悦近来远，其乐无穷。相反，对那些谤我、欺我、辱我、笑我、轻我、贱我、恶我、骗我的，即刻熔断隔离。日日不断拉黑坏人，分分秒秒删除恶评。如此，时时勤拂拭，莫使惹尘埃。身是菩提树，心如明镜台。

234

模仿是人的本能，一切社会行为都是人与人之间的相互模仿

《模仿律》一书指出：一切社会行为都是人与人之间的相互模仿，模仿是人的本能。随着模仿的推进，全人类必将走向大同社会。这一理论在今天更有现实意义，因为进入互联网时代，全世界相互模仿的成本降低，速度革命性地提高，社会在以加速度发展，现在一年等于过去十年、一百年，地球村，就是共同体。

235

不要怕别人模仿你，因为“模仿”的难度不亚于原创

不要怕别人模仿你。模仿的难度丝毫不亚于原创，甚至高于原创。大多数兢兢业业的模仿者其实连边都没摸着，他们自己以为在模仿而已。

刘翔怎么跨栏，全都可以教给你，录像带放慢动作给你分析，平时的训练计划和饮食营养搭配全向你公开，你模仿吧！

236

吸收别人的思想，但是出招儿还是得按自己的习惯

“学我者生，似我者死。”我们吸收别人的思想，但出招儿还是要按自己的习惯。所以，关键还是发挥自己。

237

复制别人的成功非常难，不如多花心思把自己的事搞清楚

任何成功都是运气，如果你想要复制别人的成功，非常、非常难，不如多花心思把自己的事搞清楚，如果有不会的，就掏钱请会的人来帮忙做。比如华与华是做咨询的，人家不会的，掏钱请我们做，那我们不会的也请别人来帮我们做。所以我说咨询公司也要请咨询公司咨询咨询。

238

失败是自己的，不要仇恨对手

不能因为自己失败而仇恨对手，甚至妄想把这种仇恨也传递给消费者。当你成功的时候，你不会认为这是对手赐给你的。为什么当你失败的时候，就一心以为是对手害的呢？

239

炫耀的敌人，是不屑于炫耀

你消费什么，你就是什么。奢侈消费是自我定义，是对自己的奖励，是对他人的炫耀，有时，也是一种沉溺。当炫耀到无可炫耀，奢侈消费会碰到它的终极敌人："嘲弄消费"——富人们开始用"实用"的东西、普通的东西。那是炫耀的敌人——不屑于炫耀。

240

很多人"质疑"的本质，是"伪质疑"，"伪质疑"的本质是想得太多

很多人"质疑"的本质，是"伪质疑"。因为啥也不会干，只能以质疑显示存在，引起注意。开会经常碰到这种人，他对这方案是否有价值根本不关心，也没有判断能力。只是你说东，他就要探讨西的可能性，你要说西呢，他就往东。大家也很容易觉得多一些角度是好的，他就有存在价值了。我们周围很多这样的混子。

241

被质疑时，首先要得到自己的支持

面对质疑你必须明白的基本道理，就是当你被质疑的时候，你特别需要得到支持。

这个支持首先来自你自己。而往往第一个叛变的，不是别人，就是你自己。

242

自己否定自己，也是一种忘本

自己否定自己，是人性一大弱点。有些事看起来是营销问题，实际是人性问题。比方说有公司要改名，其实是想和自己的过去切割，觉得自己过去档次低，其实这也是一种忘本，也没正确认识自己，成绩是主要的，毛病嘛，人人都有。要宽容自己，其实人们已经宽容你，否则你早不在了。

第四章

不求胜，但求不败

我们不能追求“必胜”，

只能追求“不败”，这就是大道至简。

243

要胜中求战，而不是战中求胜

有一种观念以为，大数据时代，不同的创意可以放上去测试比较，迅速得到正确的选择。这种想法大谬，就是《孙子兵法》说的战中求胜，而不是胜中求战了。

其一，正确的方案只有一个，而错误的方案有无穷多个。你首先要做出正确的方案，才能拿去测试。

其二，你是测试它五分钟的效果呢？还是一天的效果呢？还是一年的效果呢？还是三年的效果呢？还是十年的效果呢？

其三，所有机器可以做出的决策都不值钱，因为机器面前人人平等，只有个人的智慧才能获得利润。

244

“道”告诉你脚踏实地，而“魔”给你无限的诱惑

为什么“道高一尺，魔高一丈”？因为“道”告诉你脚踏实地，一分耕耘，一分收获，多一分都不承诺你。而“魔”给你无限的诱惑，只要你上他的钩，就能腾云驾雾，飞黄腾达。所以人们总是很容易就入了魔道。

245

不可胜在己，可胜在敌

兵法首先不是战法，而是不战之法；不是战胜之法，而是不败之法。谁也不能战胜谁，最多只能保证自己不可被战胜。不可胜在己，可胜在敌。都是自己的事儿，败也只能等他自己败。美军在阿富汗的失败，证明了孙子古老的智慧。

246

不要求胜，要求不败；保持谦卑，保持开放

企业家都不是凡人，都是英雄，但是英雄也都有盲区，都有弱点，最后也无法战胜自己的盲区和弱点。怎么办呢，一是要修不败兵法，不要求胜，要求不败。不要胜心太重，总想拿第一，然后一切服务于幻想中的第一。要知道第一都是努力的结果，而不能是一个战略目标。可以想一想，说一说，但不能作为制定或改变战略的依据。二是要保持谦卑，保持开放，多听别人的。

247

不要追求“必胜”，要追求“不败”

我们不能“期必”，不能“将迎意必”，就是不能追求“必胜”，只能追求“不败”，而不败等于必胜，这就是大道至简。但这是多么深奥的道理！

248

正道往往不求能胜，但求不败；魔道往往激动人心，贪巧求速

小心“道高一尺，魔高一丈”。修正道很难，因为魔道诱惑太大。正道只有一尺高，有一说一，令人沮丧，比如“以多胜少”，不求能胜，但求不败，就是正道。魔道呢，魔道激动人心，Nothing is impossible，没有不可能，以少胜多，四两拨千斤，百战百胜，都是魔道。一着了魔道，就贪巧求速，揠苗助长，人家挖坑给他跳，他也毫不犹豫，谁敢拦住他，他炒谁鱿鱼。

孔子说：“人皆曰‘予知’，驱而纳诸罟擭陷阱之中，而莫之知辟也。”人人都说“我知道”，但把他驱赶进陷阱里，他也不知道避一避。马克·吐温说过，世人听骗不听劝，就是这个道理。

249

走正道，你会一直都在，屹立不倒

你看电影，《星球大战》或者《指环王》，人永远无法抵御魔道的诱惑。the dark side永远强大。这就是“道高一尺，魔高一丈”。因为“道”是踏踏实实，“魔”是无所不能。但是，如果你走正道，你会一直都在，屹立不倒。魔道呢，一浪接一浪，隔几年换一个。如果你在一个行业时间长了，你见过的妖魔鬼怪就多了，他们当初都很厉害，但最后都销声匿迹了。

250

“开窍”的过程，就是懂得“找到真因”

华与华员工都经历过一个“开窍”的过程，就是懂得了“找到真因”和“始终服务于最终目的”，知道自己在干什么，就能做出真正的解决方案，也就能开始积累真正的经验，进步就变快了。如果没有开窍，做了一辈子，做的东西都和解决问题无关，还在“头脑风暴”，不知道自己的整个职业生涯，就是一个错误，再也没有比这更可悲的了。

251

要因果导向思维，不要结果导向思维

结果导向的领导不是好领导。因果包含了结果：种的因和结的果。结果导向是裁判思维、承包思维，是不承担领导责任的思维。因果导向是教练思维、领导思维。领导，就是带领、导师。要想得到果，关键在于关注因。

252

对于失败，我们往往找不到真正的原因，成功了总结的原因大多也是错的

对于失败，我们往往找不到真正的原因，成功了总结的原因大多也是错的。要找到真因，首先要有怀疑自己的意识，知道我们总结的原因不一定是对的，有所保留，继续观察。

253

错误往往不是因为不知道，而是不知道自己不知道

错误往往不是因为不知道，而是不知道自己不知道，所以别人知道的事，我们不知道，就算知道了，也不是真知道。我们只知道自己真知道的事。能认识到这一点，就能少走好多弯路，少犯好多错，因为错误往往不是因为不知道，而是不知道自己不知道。

254

冰冻三尺非一日之寒，问题积累了多少时间，就得花多少时间去解决

当一个问题出现时，那都是积累了好多年的矛盾或欠的账要还了，或者其实是早就暴露了，你自己才刚关注到而已。这时候，你要想马上解决它，那是不可能的。问题积累了多少时间，就得花多少时间解决。急于出手，只会制造出新的问题。所以，与问题共存，带着问题前进，复盘去寻找真因，从长计议，就是智慧了。

255

有些事情只能交给时间去解决

该由时间来解决的问题，你不要冲上去折腾，学会待着，啥也不干。你以为你折腾几年终于解决了，其实都是时间解决的。你如果不折腾，解决得更快！

256

始终抓住本质

如果有些问题你老也思考不明白，可能是因为你思考的问题不存在。你不思考，就明白了。如果有些活儿你老是干不明白，可能是因为这些活儿根本就不该干，你不干，就明白了。抓住本质，始终抓住本质，只抓本质，你就会发现，大多数问题都不存在，大多数工作都不需要干，这样，你就干明白了，活明白了。

257

遇到问题，首先要思考的不是如何解决，而是研究怎样避免它再出现

遇到问题，我们首先要考虑的不是如何解决这个问题，而是要马上研究以后如何避免再出现这样的问题。不断地在解决同样的问题，还以为自己很能干，那是最愚蠢不过的了。

258

要把“真问题”当问题，不要把“伪问题”当问题

关于问题的思维，有两个方面：一是要把“真问题”当问题，二是不要把“伪问题”当问题。

人性的弱点，是对真问题视而不见，觉得不重要不紧急，不去解决。而对根本不是问题的伪问题，又不懂得与问题共存、带着问题前进，非要出手，制造出更大的问题。究其根本，都是人性——恒心不足，贪心有余。

259

学会与问题共存，在问题中前进

大部分问题都不存在，即使存在，也解决不了，只有骗子才能解决所有问题。务实的态度是与问题共存，在问题中前进。

260

小心一切假知识，它比无知更危险

看到博友一句话："你应该小心一切假知识，它比无知更危险。"这句话深得我心。人们接收的假知识，常常超过真知识。因为假知识总是更合人们的胃口。真知识让人觉得做事很难，假知识则让人感觉，只要运用它，就能大功告成。

罗素说过，人生而无知，但并不愚蠢，人是因为受了教育才变得愚蠢。孟子讲良知良能，就是要排除假知识。

261

当下的问题，我们只能买单，不能解决，要解决的是之后的问题

如果遇到一个问题，你要思考的是：能不能用十年时间把它解决？如果不能，二十年行不行？三十年？再或者，三代人行不行？所谓解决，就是永远解决，为万世开太平，绝不复发。解决问题，绝不能“活在当下”，当下的问题，我们只能买单，不能解决，要解决的是之后的问题。人性的弱点，就是不仅不愿买单，而且还要“把失去的夺回来”，这样只会不断制造出新的问题，恶性循环。

262

人们只能为已发生的问题买单，接受损失

所有的道理都无法用于解决已经发生的问题，而只能用于避免以后再出现类似问题。对已经发生的问题，只能买单，接受损失。

263

出了问题，买单止损就是智慧，想翻本就会输得精光

这是一个心理学现象——人们会在他已经下注的地方继续下注，因为他不肯为损失买单，总想要让游戏继续下去，想之后翻本！出了问题，买单止损就是智慧，想翻本就会输得精光。

264

不要只想怎么解决问题，要从每件事情里面学到东西

不要只说我们怎么解决这个问题，而是要从每件事情里面学习，因为往往大多数的问题不是我们能解决的，但是你得从这个过程中学到东西。

265

先研究事，再研究人

先研究事，再研究人。事研究明白了，人自然就明白了。

266

面对问题，要复盘寻找真因，并防止问题复发

问题来了，怎么解决？这是最低层次的思考。不管你怎么把它解决了，都是时间解决的。

第二个更高层次的问题观，是复盘寻找真因，为什么会这样？总结过去，比开创未来重要一百倍，因为过去如果得不到彻底总结，你就永远无法走出过去。

第三个层次的思考，是如何防止问题复发，同样的错误不犯第二遍，就是颜回的“不贰过”。我们不是圣人，做不到“不贰过”，但是，事不过三，不要再犯第四次是应该做到的。但是每次都不诚意正心地总结，就会犯一百次，不可救药。

267

早有准备是解决问题的最佳方案

遇到极端困难怎么办？正确答案是："早有准备。"次一级的答案是："扛得住。"再次一级的答案是："看运气。"所谓"置之死地而后生"，就是"看运气"的另一种说法，如果"置之死地都能生"，那就没有"死地"了。

268

我们对答案孜孜以求，
却往往不知道是没找对问题

去年年底我吐槽被邀请去讲"如何穿越周期？"，如今又被邀请讲"如何度过疫情？"。大家想想去年"研究"的如何穿越周期还有用吗？人们啊！长点心眼儿吧！能不能别净整没用的？你跟他说正事，说最重要的事，你就看见他眼神涣散，不以为然。一看不行了，就找大师要绝招儿。这种人，适合被骗，其他都不适合。

269

很多时候，问题即是答案

找不到答案的原因往往只有一个，就是不知道要解决什么问题。当你找到了问题，答案就会自动现身。

270

不要老想“解决问题”，因为你“解决问题”的举措，往往会带来新的问题

不要老想“解决问题”，因为你“解决问题”的举措，会带来新的问题。频频动作，无非是焦虑，不是战略。赵王给李牧的任务，是镇守边关。李牧不出战，这是问题吗？边关好好的没问题。但赵王焦虑了，撤换他。新将出战了，战败了，告急了，问题来了，赶紧换回李牧。他回去城门一关，挂免战牌，又清静了。

271

成功是靠抓住机会，不是靠解决问题

遇到问题，第一反应不应该是怎么解决，而是能不能不解决，能不能绕过去。成功是靠抓住机会，不是靠解决问题。10个问题里面，5个根本不存在，是自寻烦恼，3个存在但不需要解决，1个需要解决但解决不了，只有1个是能解决的。但是解决问题的举措会制造出新的问题，你管那么多问题干吗！

272

解决问题的秘密就是要“理论正确，求真务实”

理论正确，求真务实。解决问题的秘密无非这两条，一是要适配正确的理论，前人的研究都已完备，我们遇到的所有问题都有适配的理论，你要知道什么事情用什么理论，就能算无遗策，不会盲人摸象，行差踏错。二是求真务实，从荀悦说的形、势、情三个方面，把握大体得失之数、临时决宜之机、执行团队的心志能力。如此，则知道取舍，坚持或妥协，都游刃有余。

273

要建立长期利益导向思维

如何“平衡”短期利益和长期利益的问题，真是没法讨论。那些长期利益导向的人，他正享受着过去奠定的长期利益，同时在为未来的长期利益耕耘、播种、浇灌。他根本就不知道什么叫短期利益，短期也能有利益吗？

274

只做历史判断，不做现实判断

无论对国际、国内形势，还是对企业经营，个人成败，都以历史判断为标准。因为现实是雾里看花，而且都是别人做给你看的，或者是你自己一厢情愿选择性相信的。唯有历史判断，才是大数据决策。

275

做成一件事的积极意义，就是它开辟出了一条新路径

做成一件事，就推开了一扇大门，就开辟了一条道路，就打开了新的战略资源空间。

276

不要目标思维，要因果思维

2013年的工作纲领，我说了两句话："要因果不要目标。要作品不要增长。"定下目标未必实现，有因则必有果。今天的一切成功，都是过去种下的因，我们也要为未来种因，那就是拿出作品。增长欲是人最大的病，贪多必失。我们要保持本色，保持本分，出好作品，才有生存资格。

277

做事要依靠常识，抓住本质，发挥本能

以前讲华与华方法，我总是说“依靠常识，抓住本质，发挥本能”。圣人之道，始于夫妇之道。依靠常识，就是依靠普通人的经验看问题。抓住本质，就要靠生而知之的良知，依着良知去行动。发挥本能，就是率性，尽己之性，尽人之性，尽物之性。

278

依靠常识往往更容易找到问题的答案

思考问题要依靠常识，虽然“没有理论的军队是愚蠢的军队”，但这世上的大多数理论是“伪理论”，如果你没有对理论的判别能力，记住生活常识是最高理论。但是依靠常识并不比依靠理论更简单，相反，依靠常识的境界更高。因为这世上的大多数人其实都没有常识，但所有人都受常识控制。

279

生存主要靠常识，想象力在其次

前文字时代是拼记忆，年纪越大越权威。有文字之后是拼知识。互联网时代，人人头上都顶着知识云，就拼想象力。不过知识多，知识垃圾更多，要认识常识更难。我生存主要靠常识，想象力在其次。

280

一以贯之为什么难，因为人人都想揠苗助长

一以贯之的反义词，是揠苗助长。一以贯之为什么难，因为人人看见那苗，他都要来拔一把。一即一切，一切即一，但能如是，何虑不毕！“大道体宽，无易无难”，伸手就做，抬脚就走。为何不做？为何不走？“小见狐疑，转急转迟”，“执之失度，必入邪路”。

281

花时间越多的事情，越值得做。
肯静下心来花时间，就是最大的领先

如果做一件事需要三年，做成就能领先他人三年。如果做一件事需要十年，做成就能领先他人十年。所以花时间越多的事情，越值得做。多数人都想快，都去扑一年半载就能收获的事，所以多数人都没出息。

282

等待的智慧：应认识到等待本身，
就是行动的组成部分

《孙子兵法》说要胜中求战，不要战中求胜。就是先立于不败，再捕捉战机。克劳塞维茨说，统率的艺术就在于善于创造极为有利的时机，在这种时机还没出现的时候，人们就仿佛无事可做，就没有理由采取行动。很多人无时无刻不想行动，他们应认识到等待本身就是行动的组成部分。

283

没有真相，只有事件

“真相”这词，本身是矛盾的。“相”是佛家之言，指事物投射在人心中形成的看法。对一件事情，每个人心中都有自己的相。不存在哪个是真的，每一个不同的，都各自是真的。相由心生，有什么心就得什么相。我们老觉得别人别有用心，自己何尝不是“我有用心”？真相都是罗生门，没有真相，只有事件。

284

不要把自己对生活的向往，移情到创作中去

不要把自己对生活的向往，移情到创作中去。当你的生活档次越高，你的创作就越接地气。当你的生活越接地气，你就越执念于在创意上“上档次”。

285

认识到自己是不理性的，才能尽可能多地保留理性

永远不要相信人类的理性，也永远不要以为你自己是理性的。理、性、气、血，讲得最多的是“理”，最弱的也是理。如果你要问人类理性的最高境界，我告诉你，就是法国大革命，取缔了宗教，搞出一个“理性节”，还有“理性女神”，而那恰恰是最癫狂的讽刺。所以，对于个人来说，认识到自己是不理性的，才能尽可能多地保留理性。至于这世界，没有理性，也没有最优解，最大的主流，还是宣传和斗争。

286

结论成立的基础是它的前提条件还存在

今天我提出“逻辑垃圾”这个词，逻辑垃圾，就是在我们谋划思考的过程中，很多条件已经变了，前提已经不存在了，而那前提条件下的结论，还继续存在，成为我们思维的基础，害死人！我们每个人都总是陷在逻辑垃圾里，要注意随时清理，不要自己误自己。

287

随时打扫思考的沉淀物

我们研究问题的过程中，每一步都会留下一些沉淀物，研究和讨论时间越长，沉淀物堆积越多，而且你感觉不到，这些沉淀物最终会把你引向错误或无用的决策。所以，要随时打扫我们的思维，并且在最后要进行检查。始终服务于最终目的，随时回到原点思考。

288

把“个别”上升到“一般”是危险的

把局限于处理紧急事务的办法上升到处理问题的一般原理，这样的趋势是危险的。

289

能代代相传的就是长期主义

看到一个标题，什么是长期主义？我想，能传给下一代就是长期主义，只看自己这一代就是短期行为。所以，多在家辅导孩子写作业，就是长期主义；只管工作，不管孩子，就是短期行为。我们兄弟就是父母长期主义的成果，也要把父母的长期主义精神传下去。

290

明天的结果取决于今天的行动

人生就是不断地埋下伏笔，我们今天的遭遇，是我们过去一切行为的结果的总和，而明天的结果取决于今天的行动。战略不是研究我们未来做什么，而是研究我们现在做什么，才有未来。发展的不同阶段要求我们具备不同的能力，而能力来源于学习和投资。最快的进步是不退步，最高的效率是积累。

291

对一切问题，要思考出三年和十年的解决方案

对一切问题，思考三年和十年的解决方案。也就是说，一定程度上放弃解决眼前问题。因为眼前的问题，有的是我们价值观选择的结果，是我们必须承受的代价，只能放弃。另一些则是我们过去所犯错误的结果，如果不能回到过去，就无法解决，只能接受。

我们的任何一个决策，都是长期战略；我们的任何一个行动，都是长期投资。这样就能进入自由王国。最糟糕的是既不能放弃利益，又不能接受损失。怨天尤人，反复纠结，却不能前进一步。这是普遍的“两多症”——想得太多，要得太多。

292

认识一到位，处处有方法

问题不在于没方法，而在于没认识。认识不到位，到处找方法。认识一到位，处处有方法。

293

摆脱“决策树”的思考方式

不管你有没有学过决策树，你的决策都是按决策树在推进，而这正是做出错误或无效决策的原因。因为决策树画出来是不可逆的，而实际上它是可以推倒重来的；决策点看起来是需要决策的，实际上它往往根本和最终目的无关。决策树思维陷阱是普遍的，一定要摆脱这棵树。

摆脱了决策树，就能不忘初心、不忘本谋，始终服务于最终目的。

294

50岁之前，发挥自己的长处；50岁之后，管住自己的弱点

人在50岁之前，要拼命发挥自己的长处，创业成功。50岁之后，则主要是管住自己的弱点。所谓五十而知天命，此时天命已定，不战则胜。因为事业积累初具规模，只要不犯错，就能进入持续的发展回报期，是谓厚积薄发。而此时如果再进入新的领域，就是以短击长，以老击壮，不仅不能成功，反而伤根动本，拖累大局。

295

要警醒自己，不断培养新的生存能力

“生存能力比财富多少更重要。”我爸说了，“家有斗金不如日进分文。”不管你有多少钱，都扛不住社会的变迁，关键要不断警醒自己，不断培养新的生存能力。每年问问自己：你的生存能力提高没有？

296

最高的效率是不返工，最快的进步是不退步

最高的效率是不返工，最快的进步是不退步。每天进步一点点，二十年超过所有人，活在他人想象之外！关键是每日四省察：

今天有什么工作成果？

今天有什么学习进步？

今天为未来做了什么投资？

今天为自己死后留下了什么遗产？

297

目标是无止境的，方法是贵在坚持的

一个成功的人，方法总是不变的，因为本质不变。目标总是要变的，因为实现了一个就要追求下一个，永无止境。

298

诚意正心，才能少走弯路

不能诚意正心，就贪巧求速；贪巧求速，就想弯道超车，就开始不走直路走弯路了。贪巧求速，就要揠苗助长，就要自欺欺人，就要上当受骗。

299

不要指望以少胜多，要立足于平时积累让自己“多”

正式定义：以少胜多，就是少的一方到齐了，多的一方没到齐，所以还是多胜少。所以你不要指望以少胜多。要立足于平时积累让自己“多”，别临战侥幸想出奇招儿取“胜”。

300

勿忘：不要忘记；勿助：不要急于求成

勿忘，就是不要忘记，要坚持，日日不断，事事用心，至诚无息。不停息，则积淀厚德；厚德载物，则走得远；永续经营，则站得高，活在他人想象之外。

勿助，不要揠苗助长，就是不要急于求成。我们的毛病，正是不能坚持做平凡的努力，又急于揠苗助长。

我经常被通知开会，一听，都是“揠苗助长会”。

301

正心，就是正自己做事的诚心，则能不疾而速，积跬步以至千里

为什么圣人说修身齐家治国平天下，要修自己，齐自己家，才能治国平天下。修身的前面是什么呢，是正心，正自己的一颗诚心，则能不疾而速，积跬步以至千里。最终当你成就天下的时候，别人看你几十年的点滴修为，望尘莫及。如果一心想着打败别人，去夺取别人的东西，则心不正，事不成。

302

凡事彻底，滴水穿石，下日日不断之功，把未来留给运气

知识令人谦卑，我们懂得越多，就越了解自己所能控制的范围之小，就懂得缩小自己的目标。凡事彻底，滴水穿石，下日日不断之功，把未来留给运气。

303

不服输，莫名焦虑乱动，只想为自己夺取更大胜利

日子过得好好的，但他就是不满意，要折腾。这一条，根本原因是没有志向，没有服务顾客的诚意正心，只想为自己夺取更大胜利。孟子说："莫非命也，顺受其正……尽其道而死者，正命也。"我们的一生，就是行自己的正道，接受命运的安排。其他的都置之度外，这就叫活得自由——财务自由，战略自由，天人合一。

304

凡事彻底，不返工

一是一生只做一件事——您别点头同意，没有不同意的，但是也没有真同意的，因为很少有人能一生只做一件事，这是言行一致，知行合一之难。

二是每天早上起来，想一下如果今天我只做一件事，做哪一件，然后第一时间把那件事完成，完成的标准，是凡事彻底，做彻底，没毛病，不需要再返工，自工序完结，不给下一道工序的人添麻烦。那么，哪怕你剩下的时间全部用于玩耍，也能日日精进，突飞猛进。我们的困难从来就不是事情太多，而是废动作太多，忙乎一天，啥也没干；奔忙一生，一事无成。

305

养成日积月累的好习惯，步步为营

每次公司大会，跟大家苦口婆心讲得最多的就是“积累”，每天都攒下一点东西，步步为营，匍匐前进，就能攀上历史的高峰。急急忙忙拼命往前抢，都是抢最没用的东西吃。孟子说，要“集义而生”，不要“义袭而取”，没有积累的习惯，二十年后又回到原点，都荒废了。

306

学习不要追求立竿见影，
而要日积月累，润物细无声

“急用先学，立竿见影”，这是对学习非常糟糕的提法。学习不要追求立竿见影，而要日积月累，润物细无声。

307

要集义而生，不要义袭而取

无须艰苦奋斗，只要滴水穿石。这就是孟子说的，要集义而生，不要义袭而取。王天下易如反掌，就是这个道理。可惜我明白这个道理稍微晚了一点，否则，考取清华大学、北京大学、哈佛大学、耶鲁大学，都是易如反掌，从小每堂课都认真听讲，每天都努力学习就行。

308

不断地重复自己屡试不爽的套路，它将成为你独特的财富

不断地重复自己屡试不爽的惯用套路。就算你一生中都只用这一个套路，就算它在市场的汪洋大海里占的比重是微不足道的，那也是很独特的。如果因为你的重复，造成市场上雷同的东西泛滥而显得乏味，那你的财富已经超过比尔·盖茨了，这点小小遗憾就忍了吧。

309

做任何学问都要下日日不断之功

等飞机多少时间对我而言都不是问题，走到哪里都是书房，都可以完成我今天的写作。曾国藩说，做任何学问都要下日日不断之功，不能说今天忙，挪到明天做；也不能说这几天出门，回来再做。带着你的功课，走到哪儿就在哪儿做。日日不断、滴水穿石、凡事彻底、持续改善，这些思想深入“华与华”每一个人的骨髓。

310

万事只有一理，就是下日日不断之功

比如销售小哥跑终端店，跟店员说：“姐，你每月帮我卖30盒哟！”到月底一看，一半也完不成！换一句话：“姐！每天记得给我卖一盒哟！”到月底能卖40盒。万事只有一理，就是日日不断之功。只要每天坚持，多慢也是最快。若不是每天坚持，多快也是抽风。

311

看问题，关键在于你能往后看几步，又能往深里看几层

看问题，关键在于你能往后看几步，又能往深里看几层。道理很多，也都对，但是每个道理的时间长度和影响深度都不一样。我们犯的错误，往往都是只看到了一步，也只看到了一层。所谓能坚持，就是因为多看了几步，深思了几层。所谓不能坚持，就是没有多看几步，深思几层。

312

只有永续输入，才能有持续输出

人通过学习、工作和交流，获得知识、技能和经验，投入工作，获得成果。我们每天的工作，虽然是边学边干，边干边学，但主要还是在输出自己的能力，投入输入的时间太少。最深度的输入，还得是读书。我算是读书多的，但还是太少。最理想的状态，是周六、周日能完整地读两天书。但这两年又增加了一个管娃学习的任务，也占了自己的读书时间。

313

匆忙地接受一些结论，不过是在掩饰自己的无知

万事一定要找到真因，才能制定对策。但是人性的弱点就在于总是为了在人前掩饰自己的无知，而匆忙接受一些结论。而一旦表达了观点，捍卫这观点就是捍卫他的权位，他的面子，他存在的价值，甚至他人生的意义。于是自绝于真理，宁死不屈，鸭子煮烂了嘴壳子还是硬的。

314

做到与书中的思想知行合一，也就是世界第一了

要说我的兴趣、爱好和特长，还是读书。知识开始时确实是从实践中来，但实践只是让你有读书的能力。毕竟你所实践的，前人都实践过。书中有这个星球上生活过的1000亿人中最有智慧的人的思想，经过几千年的筛选，和你的事业相关的就那么几十人。能把这几十人的思想，在自己身上知行合一，也就世界第一了。

315

所有的成就都是时间积累而来的

每天早上起来都有计划，每天晚上总结都有成果，成果固化下来，就会有积累。所有的成就都是时间积累而来的，但有人的时间有积累，有人的时间没积累。十年之间，有积累和没积累，就拉开了巨大的差距！

316

我们追求的是成功要足够大并能持续发展，失败则要及时止损

有人夸我做事“得心应手”，我说哪有那状态，真以为自己到了那状态就离死不远了。每个人都会失败，失败的概率永远大大超过成功的概率。我们追求的是成功要足够大并能持续发展，失败则要及时止损，用成功消化失败。

317

及时止损，并愿意为自己的错误买单

时刻认清过去的沉没成本和未来的机会成本，及时止损，愿意为自己的错误买单，就是《大学》的“知止”。止于至善，也是止于最不坏，因为不停止，会更坏，要绝对杜绝侥幸心理。

318

产生的影响是不可以挽回的，
却是可以交给时间消除的

一件坏事发生，坏事就是坏事，挽回影响是不可能的，只能消除影响。消除影响的唯一办法，就是认错改正之后，沉默，等待人们遗忘，人们很快就会遗忘的。而任何挽回影响的冲动，做出种种辩解、编排，都会阻止遗忘，并让更多本来不知道的人知道，激起更多话题关注，而绝不会有人因此认为你是好人。

319

掩盖犯罪与抵赖只会加速失败

让人身败名裂的不是犯罪，而是掩盖犯罪。让人翻不了身的不是犯错，而是抵赖不认错。

320

对于一个成功的企业家而言，不犯错的重要性一万倍于创新

对于一个成功的企业家而言，不犯错的重要性一万倍于创新。不犯错就等于创新，因为我们能从犯错创新发展为不犯错了。所以，至少要以50%的精力关注自己的性格弱点，因为性格弱点就等于认知缺陷。万亿帝国也可能因一次错误而坍塌，十亿百亿的就更别以为自己能大而不倒了。蘧伯玉行年五十，而知四十九年之非。50岁的时候，对自己过去49年犯过哪些错全知道，这就是每天都在自我省察和改过，克己复礼。

321

人的毛病，就是该等的时候不能等，该撤的时候不愿撤

两条锦囊妙计：

1. 一件事，周密策划，压倒性投入，还是没有成功，怎么办？打开第一个锦囊：等！

2. 等啊等，继续坚持，还是没起色，怎么办？打开第二个锦囊：撤！

人的毛病，就是该等的时候不能等，该撤的时候不愿撤。

322

抓住人类大众化的趋势，才能做大生意

是人，就会成众。互联网不是把人细分成不同的圈子，更主要的是把所有人联结一体，甚至把所有人和所有物联结一体。互联网让大众更大，大到把物都卷进来。抓住人类大众化的趋势，才能做大生意。

323

你坚信成功的原因，多半是你希望成功而已

我们坚信一件事情能成功，只不过是因为我们希望它是真的。我见过很多企业，特别是小企业老板，特别有赌一把的冲动。谋算不周，资源不足，准备更是不充分，但就是要赶这个旺季，一心认为“一定行！”其实，这是一种典型的自欺欺人！切记：你坚信成功的原因，多半是你希望成功而已。

324

所有人都知道他要败，就他自己不知道，不断地向着失败的深渊前进

事情往往就是这样，所有人都知道他要败，就他自己不知道。他也知道所有人都认为他要败，于是他更加要大胜一场，来给你们看看！并且，他身边也不缺乏鼓舞他的人，于是，他就向着失败的深渊前进！看到王晏就是这样，我们也别只把历史当成别人的故事，多想一想，其实自己也可能会这样。这才是读史的意义。

325

一厢情愿就是相信人人都知道不可能，但是符合他期望的事情

企业家常见的一个人性弱点：一厢情愿。坚决相信人人都知道不可能，但是符合他期望的事情。但你说人人都知道不可能，他又不同意了，因为支持他看法的人很多。这是第二个人人都知道：人人都知道那些人都是奸臣。

326

我们只能放弃大部分欲望，全力保一个最不坏的目标，而不能追求最好

一切都是命运的安排，不是我们的主观努力所能决定的，我们只能放弃大部分欲望，全力保一个最不坏的目标，而不能追求最好。因为追求最好的风险太大，与所得完全不对等。要追求利益最小化，也就是活命就行；不能追求利益最大化。

327

立于不败，就是阻塞一切噩运的源头

没有运气，就不可能成功！一生中总有好运气、坏运气，每个人概率都差不多。立于不败，就是阻塞一切噩运的源头。一生不败，自然就能接住每一次好运。这也是儒家思想：只问耕耘不问收获。特别是王阳明说的：不要“将迎意必”，就是不要主观臆断，一厢情愿，认为结果一定会好，就去弯道超车，然后，就翻车了。

328

随时做好最坏的打算，再积极预备和应对，就有能力保不败

始终按自己最不愿意看到的结果做准备，就是不败兵法。人的天性，是一厢情愿，把结果“预测”得符合自己的期望，明明已经不对劲了，还要找解释骗自己。所以，随时做好最坏的打算，再积极预备和应对，就有能力保不败。这样养成习惯，如果幸运得一生不败，也就不得不领先世界了。

329

要安于利益最小化，赌徒心态不可取

“善战者不败，善败者不亡。”不败，是安于利益最小化，永远不要利益最大化；不亡，是在败局中主动探底，落实最大损失，而不是千方百计想要把损失减到最小，而且绝无“把失去的夺回来”的心思，因为那是赌徒心态，抱薪救火。

330

人性的弱点，就是只想赚，不愿赔

做生意有赚有赔，这个道理很简单，也很重要。但人性的弱点，就是只想赚，不愿赔。卖出的产品出了质量问题，他也不愿意退货，直到顾客无可奈何地去维权。古话说“善战者不败，善败者不亡”，我看还要加上一句：“善赚者愿赔。”

331

如果不愿放弃一些利益，就没有价值观

所谓价值观，就是放弃哪些利益。如果不愿放弃一些利益，就没有价值观。因为你只要不愿意放弃那些利益，就总能把它解释得符合你的“价值观”。

企业家都喜欢讲价值观，我说：价值观为经营服务，是假价值观；经营为价值观服务，才是真价值观。

332

你的人生意义不需要靠一个接一个的胜利来维持，它是高于商业成功的意义

不败兵法，就是不要胜心太重！怎么能节制自己的胜心呢，就是你的人生意义不需要靠一个接一个的胜利来维持，你的人生有高于商业成功的意义，这是根本，是修养，这样才能得到心安和自由，才能真正有所成就。

立正学

下篇

第五章

管理之道

管理活动，就是打造全公司共同的个人工作习惯，大家习惯都一样，就实现了内部交易成本最低化。

001

公司能不能长大，要靠管理方法

作为创意公司，创意是基本功。而我们的创意，胜在生意经，会帮客户做生意。至于自己公司能长大，必须靠管理方法。所以，创意再厉害也是小学水平，生意经是中学水平，管理法是大学水平。

002

开会讨论问题，不要“胡思乱想瞎说”

所谓胡思乱想瞎说，就是他的所思所想所说，都和要解决的问题无关。他所分析的“问题”，无论结论如何，都不导向任何决策，只能导向没有决策。特别是在工作会议上。有的人明明既不懂讨论的议题，也没有观点，却偏偏要发表一点“看法”，而一个人的看法一旦说出来，就成为他的财产，紧密联系着他的情绪、面子，甚至权位。只有那对工作真正负有责任的人着急，因为他的方案要被那些“看法”五马分尸了。

003

发言要抓本质，不要讲道理

开会不要讲道理，不要谈问题，要抓本质，谈具体解决方案。我最警惕的一句话就是说谁“有道理”，这世上没道理的话根本就没有，盲人摸象，摸到哪儿没道理呢。要讲道理，一个人有十个道理，十个人就有一百个，这会就开不完了。我是“会议杀手”，多少会议我说两句就不用开了，因为那会议不讲本质净讲道理不解决问题。

004

偏好之言只会增加沟通成本

在会议发言中，偏好往往战胜理性。因为理性需要判断能力，偏好不需要任何能力，也不需要严肃的思考。特别是不承担决策责任的发言者，发表的都是个人偏好，但如果决策者不能识别偏好和理性，也足以干扰会议。偏好本身是零成本，但偏好是会议最大的成本。

005

个人权位的捍卫在工作中是一种添乱的行为

我们开会的时候，老板说大家都来说说，但其实我很赞赏的是，一个人说：“我没什么可说的，我就不说了。”因为有些人一定要说点什么，然后就说了一些添乱的话，为什么？因为他不仅不愿意暴露自己的无知，而且也不想显得跟你一样，他要显示自己有独立的思考。于是，他就会接受一些现成的结论，一旦他接受了这个结论，表达了观点，这个观点就成了他的财产。因为如果推翻了这个观点，就推翻了他的面子，甚至是推翻了他的权位，一个人的观点如果老是被推翻，就会变得不重要了，所以他们要拼死捍卫。

006

高层管理人员应该避免对不是自己负责的事务公开发表意见

不在其位，不谋其政。对会议破坏最大的，就是非直接责任人的“观点”。观点一钱不值，因为观点是多向的，而决策只能有一个。德鲁克也说过这个问题：高层管理人员应该避免对不是自己负责的事务公开发表意见。把嘴闭上，就是你对公司最大的贡献！

007

警惕伪责任心

在我们的工作中，伪责任心非常普遍。什么叫伪责任心呢？就是开会的时候，他其实对方案根本没有判断，也根本没有思考判断的智力，只是本着“对公司负责”的态度，以各种花样翻新的姿势不停地提各种质疑和“担心”跟你死磕。

008

任何时候绝不出权宜之计

决策无非两种，一种是按既定方针办，另一种是趋利避害，权宜之计。我希望一切按既定方针，求仁得仁。任何时候绝不出权宜之计，则简易洒脱，仁者无忧，智者无惑，勇者不惧。立场就是立场，观点就是观点，原则就是原则，底线就是底线。总是出结果导向的权宜之计，是一种很糟糕的文化，而大家都习惯了而不自知。在华与华，一定要扭转这种习惯，除了原则我们一无所有，任何原则一以贯之，绝不出权宜之计。

009

要少谈愿景，多谈使命和价值观，价值观落实为政策，使命落实为战略

我一直在研究为什么那么多企业家说的价值观和他们的行为总是有差距，发现问题出在愿景。愿景其实就是欲望。所以，少谈愿景，实现愿景往往需要通过罪恶，有些愿景本身就是罪恶。还是聚焦于使命和价值观，价值观落实为政策，使命落实为战略。愿景这一层可以不要了。

010

公司所有原则不可动摇

赚钱很难吗？花钱比赚钱难多了！乙方赚钱再难，也比甲方要找到一个合格的乙方容易一百倍！你说：是装修公司找业务难，还是业主要找一个满意的装修公司难？是保姆找工作难，还是你要找一个满意的保姆难？做乙方，要有两个自信：1. 您能得到我的服务，是您的福气！2. 我也不完美，但肯定是您在这世界上能找到的最好的！把这两条做到了，一切按原则办，什么都不用操心。所以，当我的同事为了维系客户关系，在公司原则上妥协的时候，我都是即刻用最粗暴的方式，给他们把客户搅黄了。以后人人都知道，公司所有原则不可动摇！

011

老板的爱人之心，决定了企业的文化半径

一个企业的文化，可能影响了全世界，却不能影响本企业里的所有人。以创始人为圆心，随着企业的扩张，企业文化半径往往越来越小，这是必须时刻警醒的问题。因为企业发展快了，大了，公司员工就分了两圈，一圈在企业文化半径之内，一圈在企业文化半径之外。在圈外，又会产生新的文化，就有文化隔阂。老板习惯了大家都在自己的半径内，却察觉不到自己的文化地盘越来越小，变成了宫廷文化、“大内”文化。要保证企业文化半径覆盖所有人，首先是老板要爱所有人，而且是真爱，爱有多大，半径就有多大。

企业文化半径有三种：第一种是企业文化半径小于企业半径，是老板周围的小圈子文化，所谓“进了班子，没进圈子”；第二种是企业文化半径等于企业半径，覆盖全体员工；第三种是企业文化半径大于企业半径，影响全社会、全世界，如华为、丰田。我们要做第三种。

012

员工的成长和成就，才是公司的目的

我不喜欢HR这个部门名称，人力资源，人不是公司的资源，人的成长和成就，本身是公司的目的。所以昨天我把华与华的HR更名为HD，员工发展部。来之，富之，教之，劳之，成就之。悦近来远，建设一家员工值得为之奋斗、行业年轻人向往的幸福企业。

013

把公司打造成一个“习惯共同体”

管理活动，就是打造全公司共同的个人工作习惯，大家习惯都一样，就实现了内部交易成本最低化。但是，仅仅推行一个早会和日计划，都有巨大的难度，因为人性的弱点就是惰怠，把麻烦往后推。我们就要求紧张起来，要措施前置，要求每个人勤快，听话。

014

办会能力就是一个企业的综合能力

一个企业，能否办好一个几百人的会，就体现了这个团队的综合能力：领导能力、组织能力、动员能力、应急能力、协调能力，还有智商、情商等一切！我接触的成功企业，老板对大会都极重视。最成功的企业，老板对各部门表演的节目是否精彩都十分在意！

015

高效的会议是在主题明确的目标下萃取每个人的思想

华与华的所有重要战略会议都外聘专业引导顾问，因为我们不会开会，事实上，很少有公司会开会，都是瞎开。如何高效率地在明确主题目标下萃取每个人的思想，无论几天会议，都没有垃圾时间，不说一句废话，得到最佳成果、计划和行动，就需要请咨询公司带着我们开会。

016

不要说“把方案细化”一类的空话

1.“把方案落地。”证明根本没方案，还没落地，天上虚飘飘的能叫方案吗？

2.“把方案细化。”证明根本没方案，方案就是具体动作，具体动作还怎么细化？

3.“把方案完善。”别完善，赶紧行动，不行动，永远完善不了，在行动中才能持续改善。

017

警惕负面情绪决策

很多决策，既不理性也不正义，掺杂了太多决策者的情绪。所有的决策都有情绪参与，看是负面还是正面的，因为理性的力量非常有限，如果没有情绪的参与，人就做不成任何事情。袁绍杀田丰，就是负面情绪。刘邦封赏了娄敬，那是正面情绪。最糟糕的，就是明明是负面情绪，却掩耳盗铃，自欺欺人，编一套逻辑来掩盖自己的非正义，这种情况也很普遍。

018

要重视对内部人才的培养和提拔

企业没人才，老板肯定是笨蛋。因为老板最重要的责任就是带出人才。子曰：“十室之邑，必有忠信”，何谓无人？三人行，还必有我师呢！企业越是从内部提拔人才，人才成长就越快！个个都跟打了吗啡似的干！如果好位置都是留给猎头公司的，那这企业就真是越来越没人了。

高管最好从内部产生，把中管提拔上来，就有了高管。一个企业最糟糕的文化，莫过于空降兵像天仙下凡，而老员工反而成了土包子。

019

制造企业的招工困难问题如何解决

面临招工困境的中国制造业企业可以参考福特汽车案例。1913年，福特将工人工资调到5美元一天，翻了3倍。一般认为他此举创造了福特汽车的消费群。其实他还有另一目的：通过降低离职率来降低人工成本。1912年，为了保证1万名工人，他必须雇6万人！而1913年离职率几乎为0。人工成本大幅下降，保证了福特汽车的价格竞争力。

020

公司战略变革的时候，要注意帮助员工学习和训练新的能力

公司战略变革的时候，除了在公司内部加强战略宣传，让所有人了解公司的战略，还要注意帮助员工学习和训练新的能力。因为只有能力才能消除他们的恐惧，让他们迎接变革。公司可能不免分成昨日部门和明日部门，明日部门与其让空降兵领导，又安排心腹准备替代，不如让老将领导，空降兵辅佐。

021

作战时要善于“呼叫支援”

正规部队的作战人员，主要擅长的是呼叫支援，没有支援，就等于零。你看警匪片里面，强盗都是所向披靡，警察一旦和强盗相遇，训练有素的他马上隐蔽，掏出步话机呼叫：“总部！总部！”你的企业如果没有那个总部，那还是招聘有“强盗”背景的人比较好。

022

越大的企业越要注意不要为“废物”提供生存空间

越是知名大公司的高管里面，“废物”越多。因为只有规模足够大的公司，才有“废物”生存的空间；越是成功的公司，越能提供“废物”表演的舞台；越是复杂的组织，清理“废物”的管理成本越高。

023

时间不够的原因有二：拖延决策和不现实地追求“快”

在按部就班的情况下，时间本来都是够的。导致时间不够的原因有二：一是拖延决策，比如反复谈判，等时间不够了才匆忙开始。二是不现实地追求快，本来要三个月才能完成的工作要求一个月完成，一个月后返工，两个月后再返工，四个月后还在返工。所以一定要hold住时间，hold不住时间就不干。

024

做了决定，不等于就有了行动

老板做了决定，不等于就有了行动，因为公司人人都有惰性，老板也有。你发起任何一点点改变的行动，都会制造出一堆敌人，因为你给他们制造了工作，添了麻烦。他们不想走出舒适区，但是反对的理由，都是正当的“工作意见”。

025

面对课题，关键要判断方向，再分解工作

面对一个课题，关键是要做出本质的判断，方向走对，之后就能迅速将工作分解到每一个人，让每个人转起来，而且所有人合着一个节拍转起来，不要等待和消耗。效率低不是做得慢，而是返工太多。能判断，能分解，能跟催，每个人都少返工，效率就上来了，工作也愉快。

026

在工作态度上多付出，在工作方法上排除废动作

在工作态度上发自内心地愿意多付出，少收入，不怕吃亏，就怕占了别人便宜。在工作方法上呢，排除废动作，始终服务于最终目的，每一个动作都知道自己在干什么，少干活儿，多挣钱。为什么说要“少干活儿，多挣钱”？伟大的创意人和拙劣的创意人的区别就在于，拙劣的创意人经不起任何创意的诱惑，伟大的创意人却能抵制它。减少废动作，是丰田生产方式的核心，减少废创意，是比创意还重要得多得多的工作。

027

万事想在前面，才能减少外乱

工作总是被外乱打乱，能打乱你的，总是位置比你高的人，老板或者客户，是主要乱源。大老板，大客户，就是大外乱。要不为外乱所动，提高工作效率，关键是万事想在老板/客户前面，他就不来乱你了。先交付，后生产，下级管理上级，乙方管理甲方。

028

老板抓耕耘，职业经理人抓收获

收获是职业经理人的职责和对职业经理人的考核，耕耘是老板的远见和定力。如果老板每天扑上去盯收获，这公司就没人耕耘，公司发展就会基础不牢，根基不深，后劲不足，不可持续。收成多点少点，那是职业经理人的业绩考核。老板得抓未来播什么种。

029

人是固定成本，钱是可变成本，解决问题要多花钱，少上人

多花钱，少上人。凡是花钱能解决的事，不要让自己人去干。这是个管理会计问题，人是固定成本，钱是可变成本。这也是个组织设计问题，要尽量缩小组织的规模。少人化，是一开始就人少，而不是丰年大量上人，灾年又急急裁员。要追求做一家永不裁员的公司。

030

做得越少，才能越做越精

做得越少，才能越做越精，根本在于创新。

031

一个动作就是一项成本，因此一个方案要考虑它的成本结构

为什么华与华的方案能落地，核心是我们的管理会计思维，始终坚持作业成本法，方案中每一项动作，就是一项成本；整个方案，就是一个成本结构，而且是一个独特的成本结构，是我们认为的最佳成本结构。而通常的创意公司，会拿出一大堆的创意，希望客户从中挑出一项能看中的。这样做方案，在华与华是大忌。我们要求方案是不增不减的，因为它必须已经是最精益的，才能提交给客户。所以，通常我们也不接受反驳，不接受未经我们同意的修改。

032

管理的高效不在管理，在于拥有独特的生产方式

企业越大，越要追求部落化，部落化组织才是最高效组织。管理的高效不在管理，在于独特的生产方式，在于对业务的理解。否则，企业必然是活在控制危机和官僚危机两重地狱之间。

033

不能只看总结报告，一定要在现场看一手数据

掌握一手数据，不要只看总结报告，所有的汇报都是主观的，不仅经过裁剪，甚至还有添加，人家也不是故意的，这是量子力学的观测者误差，测不准原理。所以一定要到现场，不能到现场也要看第一手数据。

034

公司以优秀的领导者为本，领导者以员工为本，员工以顾客为本

华与华管理辅导课，胡光书老师说，什么叫以人为本？就是公司以优秀的领导者为本，领导者以员工为本，员工以顾客为本。而不是反过来，员工以领导为本，领导以顾客为本。我问胡老师："这话是您原创的，还是学来的？"他说是从华为学的。

035

好的公司，一定是老板不爱钱，员工不惜力

实施任何方案，都需要老板出钱，员工出力。老板出钱有惰性，员工出力有惰性，就不约而同，默契地把方案拖死，然后一起叹气："唉！我们公司啊，什么都推动不了！"所以曾国藩说，人都败在一个"惰"字上。好的公司，一定是老板不爱钱，员工不惜力。

036

公司的发展空间与员工的发展空间是共存的

一个公司要持续成长，除了考虑公司自己的永续空间，还要考虑员工的发展空间。

037

爷爷公司和孙子公司

爷爷公司，对事物有根本认识和整体把握；孙子公司，只是在惯性中不知不觉地生存。

主持人问华与华和国际公司的区别，我说是爷爷公司和孙子公司的区别，因为我们是祖传三代的第一代，所以是爷爷公司；他们是祖传三代的第三代，所以是孙子公司。爷爷是创业者，经历了从0到1，对事物有根本认识和整体把握。孙子是富三代，爷爷的思想早已失传，只是在惯性中不知不觉地生存，在支离破碎中走向解体，甚至已经死亡，只是还未下葬。他们的今天，就是我们要避免的未来。

038

本能是力量的源泉

本能是力量的源泉，是最大的力量。在创作时发挥出你驾驭语言和符号的本能，就能四两拨千斤；在管理上发挥出员工的本能，就能“上下同欲者胜”；在商业模式的设计上发挥出所有利益相关者的本能，就能一飞冲天；在产品设计上符合消费者的使用本能，就是最佳用户体验，是最成功的产品。

039

要价值思维，不要问题思维

要价值思维，不要问题思维。看一个方案，有的人看到价值，并发挥出那价值；有的人看到问题而放弃。如果有问题的方案我们都放弃，我们就没有方案了。如果有问题的人我们都放弃，我们大概要否决70多亿人。问题思维者永远得到问题，价值思维者总能得到价值。

第六章

经营之道

经营就像打高尔夫，
如果每一杆都不失误，就能当世界冠军。

040

有感情，企业则有正气

一个企业，一项事业，必有一感情之寄托与归属。此亦成为全体员工之工作意义、行为准则和精神力量。此感情为企业联系社会的一个纽带，为企业之气运所系。有感情，则企业有正气！

041

企业家应关注社会问题

企业家应关注社会问题，因为企业的本质就是社会价值。你想做大生意，就去解决社会问题。你能解决多大社会问题，就能做多大生意。

企业是社会的公器，产权是你的，但企业的价值是社会的。

042

跳跃性思维适合创业期老板，到了一定阶段，要高瞻远瞩

很多老板的思维都是跳跃性的，足智多谋，雷厉风行，下面的人要拼命追才能跟上。不过，这种性格在创业初期是好的。到了一定阶段，就要高瞻远瞩，成竹在胸，心静气定，有所不为，动作少而慢，先胜后战，一战而定。

043

最重要的经营任务，就是推广我们的哲学

我们提供的是一种思想，一种哲学，如果客户只是采纳了我们的方案，而并没有接受，甚至根本没有关注和思考我们的哲学，就还没有达成真正的共识。所以，最重要的经营任务，就是推广我们的哲学。

044

不要“做大做强”，而要“做好”

做大或做强，都是自我的欲望。思考问题要从“无我”出发，我到底能为顾客、为社会做好什么事情？如何做得更好？

045

公司要立功、立言、立德

立功，是为客户立功，创造价值，解决问题，这是基础。立言，是形成思想方法体系，并能提供给全社会使用。公司生存一百年很不容易了，思想方法则可载入人类文化遗产，流传几百上千年。所以，企业是经营知识的机构，而创造新知识是企业的使命，富而好礼，有钱就要搞科研。不是研发，而是纯粹投入的基础科学研究。立德呢，一是培养人才，成就员工，这是立德，也是积德。二是形成一种文化和哲学，让人的心灵得到进化，推动社会进步。

046

如何做到财务自由？
就是钱多的时候别太贪功，多留余地

人们常说实现个人财务自由。作为经营者，我对公司的财务自由更有感触，公司只有保持不差钱，战略上才能不走样。人穷志短，对个人而言未必，对公司而言几乎是百分之百。如何做到财务自由？就是钱多的时候别太贪功，或投资太激进，始终要多留余地。

047

公司要有人格

公司大了，就容易丧失“人格”，成了冰冷的、锈迹斑斑的官僚机器。铁路警察，各管一段，没有人对最终结果负责。开会讨论“品牌人格”，公司本身，却已经因部门分割而人格分裂，甚至破裂，品牌怎么能有温情和人格呢？凡事一以贯之，内外一体，都要向内求，向外求不来。

048

千万别转型，做生意最好就是一辈子把一件事做到极致

千万别转型，大佬转型是市场的重大损失。人成功了之后，就觉得做自己没意思了，就要转型，实现那个着魔的梦想：成为别人。比如周星驰，人人都希望继续看他的超级喜剧，但他没兴趣玩了。个人可以这样，做生意最好别有这想法，一辈子就把一件事做到极致，做到别人吐血也追不上。

049

创业容易守业难，经营要能上能下，但是不能出局，永续传承

创业容易守业难，难在承认自己的局限性。创业时每一天都在改变世界，无比兴奋！成功后每一天都在看着别人改变你缔造的世界，无比郁闷。而且你挡不住。诺基亚挡不住苹果，苹果挡不住华为。唯有调伏自己的心，规模有限，时间无限。经营要能上能下，但是不能出局，要永续传承。

050

经营：经在先，营在后

经在先，营在后；知所先后，则近道矣。只关心营业，创造营收，是功狗；能写经、讲经，才是功人。如果全行业都念我们的经，我们就是领导品牌，基业长青。

051

关键是要解决客户不间断长期合作问题

把经念好了，营收自然就来了。关键是要解决客户不间断长期合作问题。现状是：是否持续合作，全看客户老板性格。如果老板性格是一年有一件事满意就觉得自己赚到的，就继续合作。如果老板性格是一年有一件事不满意就觉得自己吃了亏的，就不合作。还是我们自己的责任，没有能让所有客户一致地理解华与华的价值和他自己的利益。

052

在钱好赚的时候，努力去赚难赚的钱；
在赚大钱的时候，坚持赚小钱；
在利润高的时候，抓精益

一定要在钱好赚的时候，努力去赚难赚的钱；在能赚大钱的时候，坚持赚小钱；在利润最高的时候，努力抓精益。否则，悔之晚矣！

053

要在问题中前进，而不是老想着去解决问题

大多数问题，不需要解决。另一些问题，解决不了，解决问题的举措，往往会制造出更大的新问题。还有一些能顺利解决的，主要靠时间解决。要学会在问题中前进，而不是老想去解决问题。国家这么多问题，都在前进，公司那点问题算啥？发扬你的禀赋，放大价值，抓住机会，别被所谓的问题干扰，才是正道。

054

企业的三大社会责任

1. 提供拳头产品，为人类承担先进生产力的责任。
2. 成为权威专家，为人类承担知识探索的责任。
3. 成为梦想化身，为人类承载追求美好未来的责任。

055

企业经营一切思考的出发点，就是两个目的：顾客的目的和社会的目的

企业社会责任正是企业的业务，而不是额外的义务。业务和产品就是企业承担社会责任、解决社会问题的方案。

企业经营一切思考的出发点，就是两个目的，顾客的目的和社会的目的。能做到始终代表顾客的利益，始终符合社会的需要，则一切豁然开朗。“大本立而达道行”，良知是天下之大本，致良知而行，则是天下之达道。以社会问题的解决方案来规划业务组合和产品结构，就是华与华的战略方法。

056

办企业，创新驱动是基础，投资拉动才是决定企业命运的关键

搞企业，创新驱动是基础，投资拉动才是决定命运的关键。创新是最基本的入场券，没创新，就没盈利，只能过苦日子。而决定成败的，还是在关键的时候做出了关键的投资。投资，就像战场上统帅决定把兵力集中在哪儿，一战而定。创新是企业家的本事，而投资是企业家的本能。

057

自主革命才是生存之道

一些损害自己的盈利，但是对顾客有利的改变，要尤其率先去做！不要理所当然认为这事我们不能干。因为这正是别人发家的机会，你不干，别人会干。自己革自己的命，还能活下来，别人来革我们的命，我们就被动了。大企业都这么死的，一路赚钱，赚着赚着就突然死亡了。

058

总结过去比开创未来更重要

回头看比向前看重要，业务不是目的，华与华方法才是目的。永远不要业务优先，不要想去搞下来一单业务增长收入。而是宁肯少接一个客户，也要把时间优先投入于总结过去，不断改进方法。正是因为不总结过去，过去的事就让它过去了，所以该学会的没学会，该吸取的教训没吸取，公司规模一大，就走不动了，崩盘了。温故知新，不温故，则无以知新。

059

每天每月每年每事的复盘总结很重要

经营就像打高尔夫，如果每一杆都不失误，全都能当世界冠军。所以每天每月每年每事的复盘总结很重要。如果犯过的错误都不再重犯，则人人都是圣人，处处都是天国。《论语》说蘧伯玉行年五十，而知四十九年之非，自己犯过的错全知道！我们就要学习蘧伯玉的精神。

060

不要看低“制造”，没有制造基础，就没有品牌长青

有一种误区，似乎认为“创造”是高，“制造”是低。只要搞好品牌、开发，制造嘛，是没有多少油水的外包的事。实际上，制造的门槛不仅很高，而且环节很多，一个地方失控，就满盘皆输。丰田都出问题了。没有制造基础，就没有品牌长青。我倒觉得创造很容易，制造一辈子不出问题很难。

061

客户工作的诀窍，是做到的一定要比承诺的多

客户工作的诀窍，是做到的一定要比承诺的多！做到这一点很容易，就是不要承诺那么多，宁肯你不用我，也留一手不说。很多人是反过来，承诺太多自己根本做不到的事。两者的区别是：前者时间越长，积累的客户越多；后者时间越长，堵死的路越多。两者的本质区别是：前者有真本事，后者是没办法。

062

惟精惟一，在老事业上不断深耕，新的事业会自己生长

不要轻率地开拓新领域、新事业，因为你根本不知道自己会遇到什么。而老事业的成功，并非“已经”成功，而是需要全力以赴，才能维持不亡。相反，惟精惟一，在老事业上不断深耕，新事业自己会生长出来，根本不假外求。

063

咨询公司也要请咨询公司做咨询

华与华签约光辉合益咨询公司，聘请光辉合益为华与华提供员工发展咨询服务。光辉合益是全球最大的人力资源咨询公司之一，此次合作，将为华与华下一个战略阶段架构人力资源政策和员工发展规划。

我们的业务是战略营销品牌咨询，而其他方面，我们也要请咨询公司，所以我说咨询公司也要请咨询公司咨询咨询。

064

悦近来远，总会有人与你一起同行

不要去“拜访客户”，只管在家抓生产，离开的客户各有各的理由，不要去琢磨。只管还在这儿的、还信任你的人。我们如果把时间花在拉新客户，或挽回已经离开的客户上，就是对现有客户的背叛。你走在自己的正道上，自然有同路人。我们的态度是：对在我们这儿的客户死心塌地，对离开的客户死心，对将来未来的客户不动心。如此，就是专心致志，志有定向，不动如山。

065

决策时不要忘记初心和本谋

很多决策就是这样，走着走着就忘了初心和本谋，我称之为“溜达式决策”，跟一路看风景一样，往哪儿走完全是受路上的风景牵引。那最后怎么决策呢？就是最后必须行动的时间到了，大家也都疲惫不堪，失去思考能力了，那时候走到哪儿，决策就自动形成在哪儿。这在我们今天的经营决策中也非常普遍，要自己警醒注意。

066

行业发展空间的大小取决于你做得好不好

经常有朋友问我某某行业发展空间有多大，一并回答：做得好空间就大，做得不好空间就不大，做得有多好空间就有多大。

又问我看好哪一个赛道，我说：品牌营销咨询。

067

在“无标准化”的行业提高自己内部的标准化作业水平

企业往往为自己所在行业“无法标准化”“做不大”而感到苦恼，却不知道自己有多幸福。因为在一个标准化的行业，竞争之残酷会抹平你的所有利润。在一个“无法标准化”的行业，提高自己内部的标准化作业水平，就是世界上最幸福的企业。从非标化行业进入标准化行业，你会发现别人之不讲武德，是你在非标化行业根本无法想象的。

068

企业经营不要只盯着顾客，要全力以赴把自己的产品和服务做到最好

公司经营不好的很大一个原因，往往是获客成本太高。获客成本太高的原因，往往是自己不惜代价，或者只要不让竞争对手得到这客户就行。这是一种病！得治！药方是你一定要明白一个道理：客户要得到一个好的供应商，比供应商要找到一个好客户难得多！好客户很简单，肯给钱、不赖账就行。好供应商就太难找到了。不仅B2B，B2C更是！就像手机，不管是苹果还是华为，其实我们都不满意，只是选一个还能接受的。餐厅也是一样，我们真对哪个餐厅那么满意吗？

所以，经营不应该着眼于获客，而是真正全力以赴把自己的产品和服务做到最好。这样，达到什么标准呢？达到两个标准：一，能用上我的产品和服务，是您的福气；二，我只能做到这样了，你爱要不要！这样，你就拥有了比财务自由更宝贵的东西，叫作“战略自由”！否则，步步都是身不由己，还谈什么经营？

069

经营为价值观服务，价值观是底线，价值观是行为

关于价值观的价值观：1. 经营为价值观服务，不是价值观为经营服务。如果是价值观为经营服务，则为了经营目的，随时可以抛弃价值观；如果是经营为价值观服务，则为了价值观，随时可以抛弃经营。以此标准，价值观的真假，一目了然。2. 价值观是底线，不是追求。比如价值观是“追求卓越”，则无法衡量今天你追求卓越没有。如果价值观是“不骗人”，则今天有没有骗人可以随时检查。3. 价值观是行为，要让所有人看见你确实几十年如一日在践行你的价值观，那才是真价值观。真价值观，就是你不照着那样去做，你就不安，就不舒服，会自动巡航、自动校正。这就是所谓“生知安行”。

070

企业要允许员工犯错，并且让每一个员工知道，公司不会轻易抛弃他

某公司高管因为说错一句话被“主动辞职”，这是一个经营伦理问题。企业要允许员工犯错误，并且让每一个员工知道，当他犯错误的时候，只要不是出于恶意，公司都会保护他。世上没有不犯错的人，如果因为“影响公司形象”，公司就抛弃他，这公司就不是大家的共同事业。

公司的形象来自公司的行为，并不在于某一句个别的言论，何必莫名惊诧！员工说错了话，给公司造成损失，公司就承担那损失；正如他为公司做贡献的时候，公司也得到了他的贡献。

希望各位老板认真思考这个问题，我们搞企业，到底是为了什么？不是都要凝聚共同愿景吗？仅仅一句错话，就不跟他“共同”了？希望各位老板扪心自问，他说错的那句话，你会不会说？恐怕大家都经常说吧？只是他被人起哄，你就和他划清界限，不觉得自己可耻吗？企业如此简单粗暴地处置员工，都是因为自己正气不足。如果你自己一身正气，你怕谁影响你形象！开除员工，才是真正的丢人现眼！

071

要把“员工人均收入”列入公司经营目标

要把“员工人均收入”列入公司经营目标，公司的经营目标不能只有规模、利润或市值，还必须有“员工人均收入”，否则，就不是共同目标，不是共同事业，不是共同愿景。

072

要钻研自己的业务，并不断改善功法，在钻研和改善中实现创新

公司里的员工最重要的是要有钻研精神，就是每个人都要不断地钻研自己的业务，不断改善功法，并且在钻研和改善中实现创新。普遍的毛病是对外部环境变化过分解读，对新的项目和机会寄予一厢情愿的期待。不能对正在做的事钻研改进，本质是一种懒惰和自暴自弃。

073

经营战略要以“永不出局”为指导思想，人力资源战略要以“永不裁员”为指导思想

经营战略要以“永不出局”为指导思想，人力资源战略要以“永不裁员”为指导思想。企业经营，生存第一，发展第二，增长第三。一旦出局什么都没了。只要不出局，好年头傻子都能发财，咱肯定比傻子挣得多。差年头咱猫着磨刀擦枪，来年更利索。永不裁员，就是坚持少人化，无人可裁。裁员都是内伤！

074

公司经营不好，有时候是因为自己的员工不了解自己的公司

32个经营小组长年中测评进行了一整天，测评内容就是抽题讲公司案例和方法论。好多公司，能把公司业务全说清楚的，就一两个人。公司经营不好，不是因为不了解市场或者竞争对手，而是因为员工不了解自己的公司。所谓战略，就是让所有人知道，要压倒性地投入在内部学习中。

075

内部沟通比客户沟通更重要

每周一次全公司项目过堂大会，每月一次组长经营会。内部沟通比客户沟通重要。没有内，就没有外。内是先，外是后。很多公司，似乎见客户就是正义，都在服务客户，公司内部开会凑不齐人，这就是舍本逐末。“知所先后，则近道矣”。

076

企业之气，让员工有士气，让顾客和社会对你服气

孟子讲“养气”，兵法讲“治气”。企业也是一样，“气”特别重要，让员工有士气，让顾客和社会对你服气。但是很多企业家都不懂得养气和治气，随意耗气，任性撒气，惰性漏气。结果气势一泄，把自己的运气搞没了，花十倍代价都补不回来。

077

干企业，要找钱

干企业，要找钱！别找感觉！

078

要“有利”原则，不要“有理”原则

要有利原则，不要有理原则。很多企业面对自己犯下的错误，掩耳盗铃地认为自己有理。产品出了问题还自认为有理：质监部门没有要求我召回，我干吗召回？你不要想有理，你想怎样对你有利，你就会发现，召回对你有利。

079

注意区分今日所得，哪些是自己努力得来的，哪些是大势东风吹来的

我们都是“风口上的猪”，过去三十年的大风，把我们吹到这儿。假使我们生在日本，还做这些事，能挣这些钱吗？未来二十年，可能没这么好混。自己到底有多大生存能力，对社会到底还有多大价值，还能长多大本事，这是经营的首要问题。

080

一切领域都有泡沫，而且泡沫的成本，是靠干货来消化的

不光经济有泡沫，股市有泡沫，一切领域都有泡沫，比如政府有泡沫，就是机构臃肿和冗官。很多企业也是泡沫，靠忽悠生存；很多产品是泡沫，靠欺骗销售。不是泡沫的企业内部，也有泡沫，泡沫部门、泡沫员工、泡沫流程。世界就是这样，干货不多，泡沫永存，而且泡沫的成本，靠干货消化，干货补贴泡沫。

081

一分钱主义

据说大阪商人如果有一个办法可以多赚一分钱，就会马上执行！把这一分钱先赚到，而不是去思考怎样能多赚一块钱，那是下一步的事。没有“完善”的方案，只有持续改善的方案。总觉得方案还不够“完善”，继续“完善”方案，三年过去了，还是不够完善。十年过去了，还在原地打转，这样的事我见多了。前一段时间看一个产品经理说产品发布：“如果发布时你对自己的产品很满意，那说明你发布得太晚了。”道理相似。

082

工作的错误都和行动有关，一是乱动作，二是不行动

工作的错误都和行动有关，两个方面，一是废动作，乱动作，错误的行动；二是搁置或拖延，不行动。错误的行动和不行动往往是一件事，因为对正确的动作有选择困难症和拖延症，就盲目地乱动作。

083

在困境中要思考下一次遇到困境的应对方法

这段时间，我不断地被采访提问："疫情后如何转危为机？"好像我是骗子似的，这都是骗子才能回答的问题，因为问的人太多，所以说傻子太多，骗子不够用。我认为应该问的真问题，没有一个人问，那就是"如何应对下一次疫情？"这才是企业在疫情中要学到的。

084

随时注意清除"阶段性成果"的惯性带来的病毒

惯性是很大的力量。很多时候，一个东西产生的原因、存在的理由都已经不在了，但它还能继续存在很长时间。你做一个方案，总有一些"阶段性成果"，在方案演进的过程中它的前提已经不存在了，而它还保留下来，成为你方案里的病毒。要随时注意清除这些病毒。

085

年轮经营和景气政策

日本企业家塚越宽，提出年轮经营的概念，他说公司每年要有每年的年轮，年轮一定要细密，如果某一年扩张太快，这一年的年轮就疏松，在组织内形成空洞，容易折断。这一点我深有体会，公司和员工收入都一定要保持每年持续增长，持续增长就不能某一两年太快，因为太快必回调，回调的年份就影响员工分配，影响分配就影响士气和人员稳定，恶性循环。塚越宽还提出一个“景气对策”的概念，他说我们一般都是在不景气的时候想对策，整反了！应该在景气的时候想对策。景气的时候你高速增长，你要分清哪些是你凭本事挣来的，哪些是大势送给你的，对大势转坏要做好釜底抽薪的对策。这些日本企业家的思想，让我想起任正非的话：“什么叫成功？像日本企业那样，经历了九死一生还活着，那才叫成功！我们没有成功，我们只是成长。”我想能成长已经不错了，就怕连成长都没有，只是增长！

086

要年轮经营，不可贪巧求速

年轮经营的理念在华与华深入人心，我非常喜欢这个词，一步一个脚印，一年一圈年轮，年轮是成长记录，是成果管理，是企业一年的心血凝结。不要关注得失，要关注自己的年轮。

这个理念源于被称为“日本最幸福企业”的伊那食品的会长塚越宽，核心理念是不要速度，要扎实。不是要自己多成功，而是要办一家“好公司”。什么是好公司呢？就是四个标准：顾客认为它是好公司，员工认为它是好公司，上下游合作伙伴认为它是好公司，社会认为它是好公司。

087

要祛除企业三大病根：
侥幸心理、贪巧求速、频频动作

企业有三大病根：

1. 侥幸心理，总是一厢情愿。
2. 贪巧求速，致力揠苗助长。
3. 频频动作，都是权宜之计。

088

企业经营要时刻思考第二曲线，
随时准备改变策略

企业经营是复杂的，任何成功都有运气成分，我们永远不可能掌握全部情况，即便成功了，也未必是因为我们自以为的某个决定，而且随时都可能发生任何变化，有可能就成了急转直下。所以，最重要的是保持戒慎恐惧，谦卑敬畏，时刻思考第二曲线，随时准备改变策略。

089

经营的最高境界，就是货真价实

基业长青之道，除了有理想，就是货真价实四个字。首先要货真，别谈“性价比”，要性能卓越的绝对货真。然后呢，有本事找客户要回实实在在的价钱，也不是要贵，就是回归本质，货真价实。这样的买卖做起来，还有点价值。否则，玩性价比的，最后都是品牌一钱不值，人生了无生趣。

货真，是真人真心真品质；价实，是既不虚高宰客，也不至于卖不出该卖的价，这就是自己有定价权。良善企业最愤恨的，就是劣币驱逐良币的低价竞争，劣质产品可以做到零售价比你的生产成本还低，而消费者却像唐僧一样，分不清谁是妖怪。企业要想货真价实，需要巨大的诚意和巨大能力。但能坚持下来，你就超越了竞争，活在他人想象之外了。

090

不是每个行业都有经济周期

人性的特点，就是会夸大自己所处环境的影响，每年都要定义一个新的“时期”。现在“时期”也不足以满足自己的感觉了，个个都要讲“周期”。经济周期这玩意，有的行业是周期性的，有些行业不是，有些行业还逆周期。个个都去讲周期，自己干不好都归因于周期了。

091

获利的时候要比“该”拿的少拿一点

获利的时候，比“该”拿的少拿一点。止损的时候，比“该”舍弃的多舍弃一点，这样确保不要不小心占了别人便宜，就是孟子说的“养浩然之气”。做个爽快人，远离不爽快的人，自己的生态环境就会越来越好！活得洒脱，气场强大，每一天都痛痛快快。

092

花钱是一种最大的决策

1. 绝不冒没钱花的风险，这是不败兵法。

2. 在承受范围内最大限度地花，绝不守财，这是压倒性投入。

093

节俭的本质不是省钱，是排除浪费，是减少动作

1. 节俭不是省钱，是排除浪费。在形势最好的时候，点点滴滴地注意排除浪费，永远不冒没钱花的风险。这样，到形势差的时候，也能游刃有余。

2. 节俭不是省钱，是减少动作。可做可不做的事，不做。可花可不花的钱，花！就永远保持有钱好办事。

094

经营要切记警惕“舍其易者而不行，究其难者以为学”

经营本身很简单，但人们总是想得很复杂，各种疑惑，各种心不安，太多目标，太多动作，就是不能相信简单的道理，越搞越复杂，舍其易者而不行，究其难者以为学，这是千古绝症。

095

有时候表面上是观点，实际上是人性的弱点

有时给客户一个方案，他说：“太简单了吧！”这是担心自己被别人小瞧了，如果他兴奋地大喊：“对！就是要简单有效！”这是在给自己鼓劲壮胆：“我不怕别人说我low！”归根结底，都是自卑。

096

经营获利的关键，一在创新，二在边际效益

创新是有定价权，边际效益是总成本领先。

097

决策要始终服务于最终目的，我们的目的是解决问题，不是让人觉得我上档次

经常听人说方案“土”“low”，我都提醒他说：“不要自卑！”决策要始终服务于最终目的，我们的目的是解决问题，不是让人觉得我上档次。看什么都觉得土、low，经常把这两个词挂在嘴上，是一种自卑心理，对自己不自信，特别怕被人说土、low，就对这个事儿特别紧张。也不要思考公众会如何评价你的广告，那是自作多情的虚荣。其实连虚荣都没有，就是自卑，老害怕别人说自己没品位。始终思考目标顾客能否看见你的广告并做出购买行动，那是企业经营的底气。

098

不要“崇拜”竞争对手

“竞争对手崇拜症”在企业界是绝症，太难治疗了！言必称打败某某，就是崇拜某某。重要岗位自己有人不用，非得高薪去挖知名公司高管，这也是崇拜。被挖来的人，和公司相互误会，都把对方当机会，但能相互满意的很少，最终还得把别人弄走，害人害己。人如果能多一点自信，相信自己，也相信自己人，就能少走好多弯路。

099

关注竞争对手越多，离本质就越远

关注竞争对手越多，离本质就越远。因为竞争对手是一种幻觉，胜利是一种幻想。人性需要“竞争幻觉”，是因为需要“胜利幻想”。这在传播学上就叫恶魔崇拜和胜利幻想。所谓竞争，不是我要跟别人争，而是让别人没法跟我争。是谓“夫唯不争，故天下莫能与之争”。任何企业都可自成一个行业，厉害的公司都不承认自己有同行。

100

好的供应商比好的客户更难找

很多人觉得找客户很难。其实，客户要找一个好的供应商，比供应商要找一个好客户更难！总是失望！所以你只要真的能做好，什么也不用愁。找不到客户，都是因为自己不如别人，或者超过别人的程度还不够。就拿广告公司来说，找一个好导演，好设计师，好摄影师，好插画师，多难啊！找到一个恨不得宠死他！

101

靠劳动赚钱，要投资就投自己

靠劳动赚钱，不要“投资”，要投就投自己，别投给别人。比如我，就投自己的广告。投资也是一个职业，那专业的人，也只有少部分赚钱，就跟任何行业的“专业人士”都只有少部分赚钱一样。世界上只有两样东西能赚钱：一是手艺，二是运气。

102

要有容得了诽谤和负面“舆情”的智慧

不要容不得社会对公司的一点批评，容不得一点负面“舆情”。要有给孩子取名叫“狗剩”的智慧。自己本来不是圣人，但总是说一些圣人的大话，成天在公司形象上捯饬，那是在给自己积累“形象风险”。既不符合兵法，本身也是一种伪君子的欺世心态，一点也不光荣。

誉满天下，谤亦随之，被诽谤是成功人士的标志。不要以被诽谤为耻，要以因被诽谤而动心为耻。

103

任何行业都是咨询业，任何企业也都是制造业

任何行业都是咨询业，企业的价值，就是在某方面拥有拳头产品，并且是知识权威。同理，任何企业都是制造业，咨询公司的生产不能超出自己的质量控制半径，任何企业质量失控都活不了。生产管理、质量控制做得最差的就是咨询业、广告业。只要懂得抓生产，就能活在他人想象之外。

104

不能理解成本就不可能做好企业

理解你的成本，对你的经营战略至关重要。不能理解成本的人不可能做好企业。错误的成本造成错误的决策，要了解你的成本结构。企业通常认为自己拥有详细的成本数据，但详细的数据不等于正确的判断。

105

从显而易见的事实中得出的结论未必成立

有人总是能从显而易见的事实中，得出和本质完全相反的结论。比如最近总有人在说广告模式不成立了。为什么不成立了呢？因为成本高了。为什么成本高了呢？因为广告价格涨太多了。为什么涨？因为投广告的多了。既然广告模式都不成立了，怎么来投广告的企业还多了呢？

106

不要被成功蒙蔽了双眼

成功往往都有运气成分。即便你成功了，但顾客买你产品和服务的价值，未必是你最初想提供给他们的，你需要重新评估总结。

107

增长应该是结果而不是计划指标

企业也好国家也好，增长应该是结果而不是计划指标。只要还在提增长，就必然落实为抓项目、抓投资，就落实不了科学发展。为什么一定要每年都增长呢？至于内需，肯定会越来越强劲的，就看现在工厂都招不到工人，就知道老百姓不差钱，至少钱少了不干。中国市场，还大有可为！

108

增长思维不可取，永续经营才是企业的本质

增长思维害死人啊！企业总觉得要增长，每天问自己怎么增长，就增长出一大堆烂事。永续经营才是企业的本质，企业要“胜于一”。“战胜易，守胜难。故曰：天下战国，五胜者祸，四胜者弊，三胜者霸，二胜者王，一胜者帝。是以数胜得天下者稀。”“靡不有初，鲜克有终。”少干活儿，多挣钱！

109

永续经营的三个关键：年轮经营；不贰过；不断埋下新的种子

访日研修团分享总结：

1. 年轮经营，一年上一个小台阶，一年有一点小进步，持续不断。

2. 不贰过，犯过的错，防止复发。

3. 每年埋下成长的新种子，人生就是不断地埋下伏笔。

110

企业的本质不是商业模式，而是用户价值

企业的本质不是商业模式，而是用户价值。商业模式的定义是利益相关方和交易结构的设计。所以，从定义上说，商业模式就不是你，用户价值才是你。就像我们每个人，我自己有什么本事，对雇主、对社会有什么价值，这是我的本质；选择到哪家公司发展，那叫商业模式。

111

咨询公司的优秀之处，不是服务了优秀的客户，而是帮助客户变得优秀

一个优秀的咨询公司，不是他服务了多少优秀的客户，因为每个优秀的客户都有一大堆人侍候过和正侍候着，而是一个客户突然变优秀到大家都知道了，你发现背后是他侍候了几年，又一个客户一举成名天下知了，你发现背后又有他！我呀，每天都会独自对着我的客户名单琢磨，2013年的大佬是谁，2014年又靠谁。

112

实胜于名为善，名胜于实为耻

“实胜于名为善，名胜于实为耻。”有真本事的人，根本不会关心自己的名声大小，如果你的“盈利模式”是以虚名谋实利，那就只能好自为之了。

113

心里要装着对方的利益，并且能让对方清楚这一点

每个人都要站稳立场，你是谁的人？这问题我以前谈过。下级要成为上级的人，这个人人都懂，但很多人不清楚这绝对不是单向的：上级也是下级的人，上级也要忠于下级！西点军校有一条要求，要心里装着对方的利益，并能让对方清楚这一点，否则有你好看！

所以，我也说顾客的忠诚度是个伪命题，企业有全部的义务忠诚于顾客，顾客没有任何义务忠诚于企业。

114

不要“客大欺店”，也不要“店大欺客”

有人跟我说：“以前咱的业务员出去，都进不了经销商的门啊！现在，这帮家伙都没有推门进去的，都拿脚踹门进去！”我能想象，踹的人很爽，被踹的也觉得该。大家都觉得，如果不能客大欺店，或店大欺客，就辜负了自己的成功。没有和人平等相处的能力，只适应欺人或被欺，这真是悲剧！

115

成功的经营来自成功的生产方式，生产设计的核心，就是不做无用功

成功的经营来自成功的生产方式，讲共同的技术习惯，讲生产流程的设计，就是不断地追求改进，钻研工法。生产设计的核心，就是不做无用功，生产管理者要对办公室的无用功负责，需要走动管理，现场管理，看板管理，全过程管理，管得越早，越频繁，无用功越少，越轻松。

116

经营需要一种虔诚的感情

不搞经营的人，体会不到商人对生意那种虔诚的感情。你要有那份感情，才搞得好经营，这是装不出来的。李奥·贝纳不是矫情，也不是演戏，就是有这份情义。

117

耕耘归耕耘，收获归收获，不要太过注重眼前的利益

人生就是要不断地埋下伏笔，我们往往会重视眼前的利益，比如洽谈中的客户，不停地跟进跟催。华与华不许跟催客户，因为你越跟催，你的成本越高。象征性问一下也是为了照顾对方面子。事业在于不停地到处埋伏笔，埋下就走。耕耘的归耕耘，收获的归收获。懂得把耕耘和收获分开，你就进步了。

118

绝不销售奇迹

成功的企业，理念都是相似的。西贝董事长贾国龙说，西贝要做到“好吃、吃好、吃得住”。好吃和吃好不一样，吃得住是天天吃也没毛病。八马茶业董事长王文礼说，八马茶要做到“安全、对口、正宗、稳定”。你看，这就是做100亿元的产品基因。华与华的产品理念呢，也和他们相似，不管我们曾经创造多少奇迹，我们也绝不销售奇迹。保持稳定，保证值回票价，有惊喜那是您自己的运气。

119

自给自足，正是基业长青的王道

凡是需要去跟人争的，我都不要；凡是有人来争的，他拿得走，他就拿去。我自给自足，今朝有酒都喝掉，明天继续靠勤劳。如此简易洒脱，正是基业长青的王道。

120

成功的关键在于有规矩，永续经营的关键更在于守规矩

成功的关键在于有规矩，永续经营的关键更在于守规矩。因为规矩就是规律，守规矩，才能站在规律一方。

121

保留“前任”的遗产，不要轻易做清洗和推翻

保留“前任”的遗产，是一种职业精神和智慧。改标志、改口号、改策略、改创意，很多时候不过是为了清洗“前任”的痕迹，开启自己的时代，这是非常不道德、不负责的，但也是非常普遍的。要尤其注意，过去的东西，是企业生存的原因，动得不好，就容易伤根，首先要查是不是之前动了不该动的。

我时常骂这些乱改的人，像一条狗一样，到哪儿都先滋一泡自己的尿！

122

企业过去的成功，一定是做对了一些事，要在历史中把这些宝藏找出来

“翻垃圾箱”，我们的官方说法叫“企业寻宝”，不过我还是觉得“翻垃圾箱”的说法更痛快。企业的宝贝都在垃圾箱里，绝大多数客户都会把自己成功的广告丢掉，四个原因：1. 觉得要品牌升级。2. 觉得原来的口号太low了。3. 人成功了之后，就要和自己的过去划清界限。因为人往往瞧不起过去的自己。4. 换了新领导要搞自己的东西，或者换了新广告公司誓要清除原来广告公司的痕迹。

想想看，连人头马都要把广告语“人头马一开，好事自然来”改成“人头马一开，人生更精彩”，还有什么是他们干不出来的呢？所以，很多决定性的创意都可以在企业的历史垃圾箱内找到，企业能走到今天，都有做对的关键动作和品牌资产，只是在自己对自己喜新厌旧和历任经理人“实现自我价值和荣耀”的“创新”中抛弃了。找到这些宝藏，恢复、发扬光大，就成功了一半。如果自己的没有，就翻全行业垃圾箱，找别人扔掉的。那都是国宝。不把国宝弃之如敝屣，是显不出自己与众不同的高明的。咱们跟在后面捡钱，何乐而不为？

123

任何一个生存下来的企业，它的成功总是藏在它的历史里

任何一个生存下来的、有一定年头的企业，它的成功总是藏在它的历史里。我喜欢去翻找它过去的东西，然后找出那关键的，他们自己可能并不重视的，已经弃之如敝屣的，把它继承下来，重新发扬光大。很多企业都不愿意重复，重复会让他们恐慌，他们愿意为“创新”而死。

124

现在拥有的一切都是因为过去的积累

很多老板都有一个问题，就是要摆脱自己的过去，但摆脱了过去，你就没有未来。我们现在所拥有的一切都是一点一点积攒起来的，我们应该坚持自己所做的事情。做事情要知所先后，一件事做好了再考虑下一件。一会儿想到这儿，一会儿想到那儿，什么也做不好。

你今天的成功，是过去所做的事情带来的。要为自己的过去感到自豪，而不是自卑。一旦你自以为“上档次”了，你就忘本了。

125

成本的秘诀是总成本领先，
形成独特的成本结构，而不是压缩开支

现在都在讨论降成本，降成本不是压缩开支，因为压缩开支也就压缩了收入，压缩了未来。成本的秘诀是总成本领先，降低总成本的秘诀不是压缩开支，而是独特的成本结构。总成本最低的公司，往往花钱豪气得很，因为别人成本很大的地方，它可能根本就没那个科目！降成本，是通过多花某些钱，达到不花另一些钱，从而降低总成本的目的。

126

经营者要考虑：
风险第一，成本第二，收益第三

经营者首要考虑的都是风险。因为创业不仅艰难，而且漫长，但垮掉却是一眨眼的工夫。其次是成本，成本是方案可行的前提。人性的弱点，是只盯着收益，忘记了风险，也没算清楚，自己所采纳的方案，其实在成本上根本不成立。

127

好的合作状态：
甲方痛快付款，乙方不遗余力

好的合作关系，就是孔子说《诗经》的那句话：“《诗》三百，一言以蔽之，曰：‘思无邪’。”没有任何小心眼、小算盘，没有一点不信任，不放心；甲方痛快付款，乙方不遗余力。双方标准一致，共同做出成绩。达到这个状态，就是美好关系。达不到这个状态，赶紧分手，各自另寻新欢。

128

要算无遗策，
也要算清楚把风险敞口开在哪儿

首先要算无遗策，然后呢，知道算无遗策是不可能的，就要算清楚把风险敞口开在哪儿。你不能说把那敞口也堵上，那就得在别的地方开口。这就是《孙子兵法·虚实篇》，总有不设防的地方。实，是用虚换来的。

129

把现有的客户服务好，远方的客户自己就会来

想抓客户，是一切经营困境的根源，因为你想要抓取，就会枉道事人，就出权宜之计，就会签下不平等条约，一路给自己挖坑织网，步步受困，最后还说："没办法呀！"从兵法上说，等待本身是重大的军事战略行动。等待的时候做什么呢，就是"修道保法"，把自己修炼好。从儒道上说，则是悦近来远，你把现有的客户服务好，远方的客户他自己就来，不用你去找。

2002年华与华创立之初，我就定下我们的客户理念：我们只有一个客户。什么意思呢，一是不招那么多人，有一个客户我也能过得不错；二是不管有多少客户，我都把每一个客户当成唯一的保命客户。这十八年，就这么一点点积累过来了。

《大学》说："物有本末，事有终始，知所先后，则近道矣！"现有客户是本，新客户是末；把现有客户服务好是先，新客户是后。所以我一看见谁着急没客户，要去拓展，我就觉得他是舍本求末。到处去开拓客户，是最低效的经营手段。想要客户，只会让你签下不平等条约，最后除了得到一个"客户"，剩下的全是损失。

130

所谓经营，就是经营风险，没有风险，就没有利润

所谓经营，就是经营风险。凡是回报可计算的，没有风险也“没有浪费”的广告投放方案都没有投资价值，因为人家把账给你算完了，确保你赚一个活期利息而已。没有风险，就没有利润，市场部在报投放预算计划的时候，企业官僚要求提交投入产出报告，这几乎就是一种懒政的犯罪行为，导致预算都投入买流量，而不是投资品牌。最后流量越买越贵，企业慢性服毒自杀。

131

一切增长都是投资拉动，投资比策略重要

一切增长都是投资拉动，投资比策略重要，就像兵力比战略重要一样。看一个案例的成功，先看他投了多少钱，然后才是所谓策略创意。不要把一些投资豪赌的成功，总结为所谓奇谋巧计，然后贪巧求速。做一件事情，要么压倒性地投入金钱，要么压倒性地投入时间，要么两者都压倒性投入。

132

一定要贵言

我们的话很金贵，说出来的，写下来的，每一句话，每一个字，都要一语中的，一字千金，自己都能负责。凡是没用的话全部删掉，拿不准的一个字不说，不知道的领域一个字不碰。尤其不能贡献一堆创意供客户“参考”或挑选，成了“狂夫之言，圣人择焉”，那就贱了。

我希望你们要“贵言”，不要一下跟客户说很多东西，而要抓住关键的一件事。只要是给客户提的，就是你一定要做的。不要一下弄了八项，给客户看选择哪两项，有一项老板采纳了，就觉得我又有贡献了。这就叫战中求胜。我们的话，要都是圣人之言，说了你就可以直接用的，而且是必须照办的。

133

企业经营最本质的是不偷工减料

如果说经营企业有一件最重要、最本质的事，那就是不偷工减料。多少人正气凛然，还疾恶如仇，但是就是做不到给别人干活儿不偷懒，交付产品不偷工减料。努力做到不偷工减料，就修成知行合一的致良知之功了。

134

不夸大，就是对写出来的每一个字都负责，否则就是谋财害命

写提案PPT，一定要每一个字自己都很确定。自己都拿不准的，一个字也不要写上去。要让客户很清晰地了解你知道什么，不知道什么，在哪个范围可以依靠你，在哪个范围得靠运气。不要明明胸中无数，还假装办法很多。明明情况不明，还催别人下注。咱们是有一点点真本事的人，把那一点点本事拿出来就行了，超过了自己的能力范围，就成了谋财害命。夸大其词，那是一点本事也没有的骗子才干的。有本事还夸大其词，反而把自己的本事稀释了，划不来。

135

要以能为客户创造价值为标准，不以自己能“回款”为标准

一旦和客户沟通不畅，或没有共识，最好主动中止合作，不要为了收别人的钱，在那里刻意维护。这样的客户不做了，但并没有“丢”，只是暂时“存”起来了。把合作的“垃圾时间”解放出来，用到别的有价值的地方去。如果为了迎合客户而左右摇摆，最后又没迎合上，那客户才是真“丢”了。当然，咨询的价值在于持续的过程和过程的持续，如果能事先给客户打了“防中断疫苗”，那才是真正的高手。总之，以能为客户创造价值为标准，不以自己能“回款”为标准。

136

经营要“无我”，
无竞争对手，心中只有顾客

经营要无我，无竞争对手，心中只有顾客，我称之为“两无一有”。开心就好，还是“我”，我要开心，怎样才能开心呢？只有无我。勿意，勿必，勿固，勿我，只考虑我能为顾客创造什么价值，我能把什么事做到极致，这就是初心，这就能安心、放心。学问之道无他，求其放心而已。

137

经营是一颗诚心为顾客，
不要一颗胜心老跟别人比

又听到人讲“弯道超车”。如果要我弯道超车，我都不知道超谁。经营不是在一条道上跟谁比快，是不跟别人走一条道。一颗诚心为顾客，不要一颗胜心老去跟别人比。你比不了他，他也比不了你，你走你的，他走他的，各走各的。弯道超车，容易翻车。

138

经营，要减流程，减动作；挑顾客，增利润

经营最大的毛病，就是舍不得放弃一个顾客，谁的生意都想做，就把自己越做越贱。货真价实，明码实价，何等洒脱！我等经营，不求日增，但求日减。减什么？减流程，减动作。增什么？挑顾客，增利润。少即是多。减，是动作；增，是结果。

139

不要热衷于做局，要专注于如何抓一把好牌

手里有牌好入局，不要老热衷于做局，要专注于如何抓一把好牌。经常有人来我这里，大谈创新模式，总想一夜暴富，却不踏踏实实经营自己的价值。

140

经营的根本是生存哲学，不是竞争哲学

认识论决定方法论，定义决定定位，一切经营问题都是哲学问题。经营哲学首先是生存哲学，不是竞争哲学。有生存哲学，就有永续经营、永不出局的底气。有永不出局的底气，就能慢下来。慢下来，才能静观天下，才能洞察路线，才能储备资源，才能恰当布局，一路埋下伏笔，实现战略大包围，一战而定。快公司无论多快，也快不过慢公司。

141

经营不仅是一种理性行为，更是一种感性行为

经营不仅是一种理性行为，更是一种感性行为。感性比理性更有创造力。当你对社会怀有高尚的情操，对顾客怀有真挚的感情，你才能无微不至、设身处地地为顾客着想，你才能挖空心思创意无限，你才能拒绝诱惑、坚守本职工作，你才能奉献社会、诚信无欺，你才能成为国之大器。

142

不要试图满足客户的所有需求

别让客户毁掉你的战略。“顾客就是上帝”这句话，毁掉了好多人的智商。没有人能让所有人满意，这是一个起码的常识。任何公司都不能试图满足所有人的需求，一个真正的战略家会让一些客户不高兴，甚至让他们走开。客户让你干啥你就干啥，会死人的。

143

用创造的价值覆盖成本，
最终也是节约了选择成本

有时候看客户选供应商，选来选去，唯恐“效果不好”，生怕付出了芝麻，得不到西瓜。我表面上笑而不语，内心真有点嘀咕。我们自己选供应商，经常是两个甚至更多看上去都不错的，同时给钱同时上马，出了结果再选最好的。要用创造的价值覆盖成本，同时也节约了选择成本。有时候，舍不得花冤枉钱，还真就做不成事，最终花更多冤枉钱。

144

跟合作得不好的客户要及时止损，合作得好的要无微不至

过分关注合作得不好的客户，而不关注合作得好的客户，是一种病！得治！合作得不好的，可能就没缘分，就该分手。合作得好的，有的只是人家对我们好，从不抱怨，付钱爽快，你就放松了自己，没有拼命给人家创造价值，还给人家立规矩。把命都拼到对你不好的客户那里去了，他越拖着不付钱，你越想用更多贡献去感化他，越搞越没规矩，这样是不是犯贱？我们的价值观是：合作得不好的不要管，越早结束，越早止损。合作得好的要拼命管！挖空心思无微不至地管，这才是天道。

145

企业现在的“果”，都是因为过去种下的“因”

公司业绩最好的一年，可能是做得最差的一年，是灭亡前的一年。因为经营业绩是个“果”，来自过去种下的“因”，唱着歌摘果子的时候，如果没有为未来种下新的因，就会面临突然死亡，这样的例子太多了。

146

咨询公司不能搞接待应酬

咨询公司不能搞接待应酬，原因有三点：

1. 接待不是咨询公司的生产力，案例才是。

2. 咨询公司白天的工作不是事务性工作，而是高度脑力紧张的创意工作，如果晚上再投入应酬，绝对不可能为客户提供良好服务。

3. 创意需要“空”的状态，有“空”，创意才会来。要有“空”，首先时间上要留空。

147

要一次做对，一次做全，否则就是浪费

你做出来的策略、创意、设计，没有一次做对，一次做全，客户不能照单全收，马上执行，就成了废品，所有工作都是浪费。最高的效率是不返工。一次做对，不用修改；一次做全，不用补漏，才是华与华方法。

148

经营就是滚雪球，要持续积累

经营就是滚雪球，不走捷径，只要持续积累，每一圈都会比上一圈大一些。无论世事风云如何变幻，一切按部就班，按自己的节奏办。

149

压倒性地投入：永远不相信自己能占便宜，任何时候都愿意比别人多付出

什么叫把1000万元花出2000万元的效果？那是本来需要2000万元才能办成的事，你认为1000万元就行，那么你就侮辱了2000万元。你肯定达不到效果，还白扔了1000万元。华与华擅长的是，用3000万元花出2000万元的效果，这样比较有保障。这就是《孙子兵法》：压倒性地投入。这就是价值观：永远不相信自己能占便宜，任何时候愿意比别人多付出。

150

收购来的品牌不要轻易做整合

经营是天才的活儿，不是肉眼凡胎之人所能想象的；也是个凶险的活儿，一眨巴眼就面目全非。老板千万别幼稚，在别人手里是下金蛋的母鸡，到你手里就成了赔本买卖，这样的事我见多了。

好多成功的国内品牌，被国际公司收购后就销声匿迹了，阴谋论者说是故意雪藏，荒谬！花几十亿买个公司进来，挖个坑把它埋了，有这么玩阴谋的吗？唯一的原因就一个：经营匹配不上，没玩起来。

原则上，收购来的品牌要继续发扬光大，不要去“整合”，整合基本都会走向整死。但多数企业都会习惯性去整合，所以大部分都整死了，少数在折腾。没整合的，消费者都没注意被收购了，继续精彩。

151

企业的成功，需要在每做出一个决策的时候，都能预见规模利害之效

企业的成功需要数十年的积累，但是由盛转衰，却往往只在一两年之间。这就需要我们时时刻刻，“在天人相与之际”，能识别“威福盛衰之本”；在每做出一个决策的时候，能预见“规模利害之效”。这是一种历史经验的积累，是一种思维方式的养成，以前我觉得不读书也可以，现在我发现不读书真不行！

152

好客户靠攒，路遥知马力，日久见人心

服务一个家族，辅佐两代企业家。我们最喜欢的客户，是家族控制的企业。因为产权明晰，而且要传承，所以能有长期目标，愿意做基础工作，我们也能成为“家族军师”。好客户靠攒，路遥知马力，日久见人心。一个一个地攒起来，成为命运共同体。

153

对客户，不要有一丝一毫的私心

对客户，不要有一丝一毫的私心。首先，不骗人，不贪心，不明知有害而为之。其次，当他往错误的方向狂奔时，不能见死不救；就算他不要你救，你不能见死不喊。如果他遭受损失，甚至摔落悬崖，你都没喊过一声，那就是你推他下去的。你不敢说，不是怕他吃了你，而是你自己的私心，还想维护和他的关系，以维系他给你的利益。这和谋财害命有什么区别？人生在世，求自己心安而已，而没害过人，就是心安的基础。

154

厚德载物，参天地之化育，是为经营之王道

菩萨心肠，普度众生。一心一意把一件事情做好。不要胜心太重，只求问心无愧。不是去夺取胜利，而是让天下归心。滴水穿石，集义而生；盈科而后进，暗然而日章；厚德载物，参赞天地之化育，是为经营之王道。

155

我的一切咨询工作，都是帮助客户克服他自身人性的弱点

我的一切咨询工作，都是帮助客户克服他自身人性的弱点，比如贪巧求速、一厢情愿、赌博心态、不服输、“意必固我”。不懂的人，觉得我没满足他的需求，离开了我。半懂不懂的人，说：“你说的都对，但是现在不适合。”或者“现在已经晚了。”懂超过三分之二的人，和我在一起。

朋友劝我：“你如果稍微妥协一点，能多留下好多客户。”我说，第一，我的客户已经够多，差不多是行业里客户最多的了；第二，我如果妥协，如果委曲求全，那就是枉道事人，谋财害命了。正是因为我克服了那些弱点，才有今天的华与华，也会有未来远远超出所有人想象的华与华。

第七章

战略之道

战略不是我们未来做什么，
而是我们今天做什么，才有未来。

156

竞争是一种假设，替代才是威胁

竞争是一种假设，替代才是威胁。我们把一些人定义为我们的同行，认为他们在跟我们竞争，关注他们甚至超过了关注顾客。这不对，我们心中应只有顾客，没有对手，关注如何为顾客创造价值，进而关注谁可能替代我们的价值，那范围可比竞争对手大多了。

157

要着眼于我如何为顾客创造无可替代的价值，并警觉谁能替代我的价值

替代者思维，在建设性上，着眼于我如何为顾客创造无可替代的价值，而不是关注别人干了啥，我如何跟他竞争。从防御性上，警觉谁能替代我的价值，那扫描范围要比所谓竞争对手大得多。在战略上，建立竞争壁垒，就是提高客户的替代成本。

158

竞争的本质在于盯住顾客，不在于盯住对手

“永远比别人快”是空话，因为那不可能。重要的是不要跟别人在一个跑道上跑。他跑他的，你跑你的，有什么快慢好比。别人要成功，你拦不住。你服务好你的顾客，自然有你的饭碗。竞争的本质在于盯住顾客，不在于盯住对手。盯对手的唯一意义是向对手学习，如果心怀仇恨要打败某某，会影响自己的心态、判断和决策。打败对手和赢得顾客，是两种思维，狭隘的竞争导向思维，对经营有害，也毁三观。要坚持顾客导向思维。如孟子说射箭，“射者正己而后发，发而不中，不怨胜己者”。我从没打败过谁，也不会被任何人打败，胜在己，败亦在己。

159

创新，就是自成了一个专业

创新，就是你有独创性的思维，重新定义了一个新的产品和服务组合，虽然也会被人们归类于某个大的行业，但是自成一个专业，没有竞争对手，只有顾客。

160

我们与同行的关系，不是竞争和差异化，而是模仿与反模仿

我们和同行的关系，不是竞争和差异化，而是模仿与反模仿。模仿与反模仿，不是我厉害，他模仿我，我不让他模仿。模仿，是指任何人有任何好的、有价值的想法和做法，我都要马上模仿！一分钟都不耽误！反模仿，我既然模仿他，也知道他会模仿我，我要提高他的模仿难度，而提高模仿难度的方法，就是创造一组环环相扣的独特的经营活动，他有一环模仿不了，就不成立。

161

创新来自假设，不是调研

创新来自假设，不是调研。就像问卷调查是一种巫术，通过对问题的设计，你可以得到任何你需要的答案。

162

模仿要找到模仿的关键

我看现在飞机杂志上有不少模仿我的咨询公司广告，版式姿势都一样。模仿是对的，人人都说差异化，但成功绝大多数是靠模仿。不过要找到模仿的关键，比如模仿我投广告，主要是模仿我持续十年不停，终身投放。而不是模仿版式姿势，或抄袭我的话。就像你看一个人能跑马拉松，你模仿他，也坚持每天跑十公里，练上几年，你也能跑。至于他穿什么衣服跑什么路线，不是模仿的重点。

163

进入一个行业，先问自己两个问题

当你要进入一个行业时，问自己两个问题：

1. 你是否能为顾客创造新的价值。

2. 你是否能为行业“创造”新的顾客。

164

排除动作浪费，不瞎折腾

早上起床，你是先穿裤子还是先穿袜子？如果先穿裤子，你要站起来提裤子，系裤带，然后又要坐下穿袜子，再起身，起身两次。如果先穿袜子，则只起身一次，省时省力。如此由小到大，扩充放大，从工位上工具的手头化，到业务流程上一次做全，一次做对，最高的效率是不返工，最快的进步是不退步。再发展到战略上，就是不瞎折腾，不做废动作，让企业少走弯路。

165

知也无涯，认为自己掌握了真理，本身也是一种僭妄

近日思考企业战略，又有所悟。华与华一直在给客户做战略咨询，不过都是在品牌营销咨询服务套餐里免费赠送，想得到就做，想不到就不提，没有单独作为产品销售。所以运气好的客户就得了个便宜。我的目标还是要做一个战略咨询公司。有人说我把华与华方法都公开了，不怕别人学去？嗨！这我真没当回事！知也无涯，认为自己掌握了真理，本身也是一种僭妄，就算你世界第一，也是盲人摸象。今天世界上那么多大事，各国领袖们都搞得清楚吗？企业的事情也是一样。今天我们有什么心得，贡献出来，让别人学到了，并且还在我的基础上发展了，超过了我，能让我知道，那也是三生有幸，“朝闻道，夕死可矣”。至于会不会影响我的饭碗，我认为如果要让我吃不上饭的话，除非世界末日。

166

保持清醒与清晰的头脑，把事情一次做对

我们的路子非常正，总是特别地清醒和清晰，懂得做正确的事，并把事情一次做对，不让我们的客户走弯路。当知道自己没找到正确方向时，我们会什么都不做。其实很多时候，最佳选择就是什么都不做，但企业往往必须要做点啥，这时我宁愿合作中止也不陪错。

167

战略、定位、创意和手艺其实是一件事

战略、定位、创意和手艺是一件事。无论你什么战略，什么定位，最终都要落实为具体的创意和手艺，才能成立，才有具体价值。如果懂战略的人没创意没手艺，或者有创意有手艺的人不懂战略，那他们的“懂战略”跟“有创意”都是假的。

168

要逆决策树思维

要不忘初心，不忘本谋，你本来有招儿的，但是你遇到一点困难就把原来的招儿都丢了。我们要逆决策树思维。决策树思维就是你走到这里了，看下一步，却不知道往回看。现在走到这儿遇到问题了，怎么办？又往前走一步，又遇到问题了？继续往前走一步，那不是越走越远了吗？你忘了从哪里出发，以及要去哪里。

169

不要过分关注变化和新生事物

变化这东西，它老变来变去，你关注它干吗！等它什么时候不变了，再关注也来得及。新生事物也是一样，大概率不靠谱儿，大多是夸大其词，关注太多，浪费时间。作为咨询公司，我就更加不关注新生事物了，他又不是我客户，我关注他干吗！等他挣到咨询费了，来找我咨询，自然会详细告诉我他的故事。

170

永远不要高估消费者的品位，永远不要低估消费者的智商

我观察多年营销人员的毛病，就这两条：一是在策略上把消费者当白痴，说一些自己都不相信的话，用莫名其妙的“定位”就想忽悠消费者；二是在设计上呢，又把消费者当艺术家，搞他的伪艺术，伪品位。这样的失败，当然是咎由自取。

171

认识自己的价值，不要总想成为别人

不管别人多厉害，不管你多么羡慕他，不管你多么想成为他，切记一条：绝对不要想成为他！因为“学我者生，似我者死”。认识不到自己的价值，老想成为别人，是今天中国企业的常见病。

172

不要关注"明明可以赚却没有赚的钱"，要关注"明明该做却没给人家做的事"

经常被问到要不要再做一个低端品牌，或者再做一个高端品牌，总之就是要把市场上的利益一网打尽，还有自己"明明能赚"，却没有赚的钱，心里就像猫抓一样难受。这我也不反对，不过我凡事习惯先"切己体察"，看看自己。

我的很多客户都觉得华与华收费太低了，好几位还直接说："你怎么才收这么一点钱！"好像他家的钱是大风刮来的，不心疼似的。但是，对另一些客户来说呢，特别是刚来的时候，付这咨询费真是砸锅卖铁！我要不要搞一个高端品牌，再搞一个低端品牌，把各个层次客户的支付意愿都穷尽呢？好像不是那么简单。我并不着急我有"明明可以赚却没有赚的钱"，如果有这种情况，那是天大的好事，是我的保护伞、救生舱。我真正需要关注的是，我有没有明明该给人家做，却没做到的事，那才是天大的灾难！

173

战略定位是一套独特的经营活动的组合

一个是特劳特的心智定位，把品牌绑定一个词语，类似USP——独特的销售主张，属于广告方法的范畴。另一个是迈克尔·波特的战略定位，迈克尔·波特反对特劳特的定位，他说简单的定位容易被模仿，战略定位是一套独特的经营活动的组合，要达到三个结果：1. 独特的价值。2. 总成本领先。3. 竞争对手难以模仿。两个理论相比之下，当然有云泥之别。

但是，迈克尔·波特战略定位理论的关键词FIT，在《哈佛商业评论》中文版被翻译成“配称”，这又在中国制造了歧义，FIT简单说是合适，就是说这一套活动环环相扣，相得益彰，这套活动组合，就是战略定位。而翻译成“配称”之后呢，就被误解成制定一个特劳特式的定位，然后用一套经营和管理活动去配称它。所以中国宝宝苦啊！学老外一些词儿，有的本身就是人家扔出来的“思想烟幕弹”，服务于他浑水摸鱼。有的呢，本来是大师正论，但是翻译误入歧途，又制造出“精神迷雾”。总之是越搅越乱。

174

找到自己擅长把某件事做好的能力并长期坚持

1. 找到自己擅长把某件事做好的能力，服务好社会。

2. 始终坚持做这一件事。

3. 越做越好，好到社会“离了张屠夫，就吃混毛猪”。

175

战略不是我们未来做什么，而是我们今天做什么，才有未来

没有人能预测未来，德鲁克说过，关于未来，只有两条是肯定的：1. 未来不可预知。2. 肯定和我们预测的不一样。

而我的未来哲学，第一条来源于德鲁克：战略不是我们未来做什么，而是我们今天做什么，才有未来。第二条来自孙子：基于不败，而不是基于利益最大化来制定战略。

176

服务好现有的客户才是最大的责任和利益所在

不要花太多精力去盯具体的“潜在客户”，服务好现有客户才是最大的责任和最大的利益所在。另外要提升自己的气场让别人来盯你。最后成交的客户都是从你不知道的地方冒出来的。

177

把全部资源都投入到最重要的东西上，才能取得成功

只有不停地做减法，减到减无可减了，才会只留下最重要的东西。只有把全部资源都投入到最重要的东西上，才能取得成功。

178

战略第一原则：不死就行

战略第一原则：不死就行。能理解这四个字，才能有长期战略的定力。最大的战略思维缺陷，就是步步都想赢，赢了还嫌赢得不够大，要换一招更大的，结果扑了个空。有“不死就行”的理念，才能专注坚持，潇洒自在，无忧无虑，功到自然成，手到擒来，活在他人想象之外。

179

战略是一个选择，选择不做什么，比选择做什么更重要

战略就是一个选择。选择不做什么，比选择做什么要困难得多。华与华选择不做什么呢？就是只要是要求投标的客户一概不做，任何机会都不觉得可惜。很多人以为这是“牛气”，其实这是一个业务战略，不是优秀了才这样，是开业第一天就这样，整个组织、流程、资源配置，都是按不投标设计的。

180

正确选择是一个比做出伟大创意还要难得多的工作

为什么“公平”的招标也不能参加？因为公平不意味着客户会做出“正确”的选择。做出正确选择是一个比做出伟大创意还要难得多的工作，能胜任的人是凤毛麟角。而这样的英雄，一次谈话他就知道该把钱给谁，他才不浪费那时间招标呢！所谓创意招标，就是乌龙对乌龙，双方都没谱儿时才会发生的普遍现象。

181

人们总是忘记自己拥有的东西是怎么来的，不要因为厌倦就随意“修理”

学到一句西方谚语：“不要修理还没破的东西。”这情况我经常碰到，管理者要求对品牌主张进行改变，不过是因为他自己觉得厌倦了。改变本来奏效的品牌主张，除了削弱自己的市场地位之外，什么都不会得到。人们总是忘记自己拥有的东西是怎么来的，一旦竞争的压力小了，就会脱离本质。

182

咨询是一个经验性的工作，有规模，才有经验积累

咨询公司不存在“小而精”，规模越大，水平越高。为什么呢？因为咨询是一个经验性的工作，完全靠经验和数据积累。华与华要赶上麦肯锡，至少还得三十年，就是因为没有麦肯锡积累近百年的全球经验数据。同理，年轻人要多做项目，项目越多，成长越快。如果只做一个客户，就和甲方的人没区别了。

183

好战略首先是话语战略，解决传播问题

好战略必须首先是话语战略，好战略自己会传播。如何传播自己的战略，往往比制定战略还让人头疼。多数CEO甚至无法让员工了解公司战略，更不用说让市场、供应商、资本市场、政府和公众了解。所以，战略制定，必须首先是话语战略，必须首先解决传播问题。

184

经营者在思考企业战略前，首先应立足于制定个人战略和家族战略

经营者在思考企业战略之前，首先应立足于制定个人战略和家族战略，因为生命比生意重要，家庭比企业更重要，而个人风险远远比企业风险更大。没办法，你就得把这事儿想明白。

185

每一个企业，都是一支改变市场的力量

“随机应变”，我认为是扯淡，“适应市场变化”，我认为是瞎掰。相反，我们真正能脚踏实地、实实在在去做的，是改变这个市场，从创业的第一天起，我们就在改变这个市场。能改变多少，就有多少生意，能把市场改变成我们认为应该有的样子，我们就是第一品牌。每一个企业，都是一支改变市场，而不是顺应市场变化的力量。我们就是市场变化的原因，也会成为市场变化的结果。

186

不能做的生意

没说清楚的生意不能做，糊里糊涂的钱不能收。否则脱不了手。

187

不要总想放“大招儿”，先把基础工作做扎实

企业千般万般想找个大招儿，其实问题不过是基础工作没干好。没干好，是因为没好好干。越是没好好干，越是想放个大招儿，不用好好干就能成功。而且承认自己过去没好好干，进而认为现在开始好好干也“来不及了”，还是要大招儿，就是不愿意好好干。所谓经济大形势不好，就是自己的基础不扎实。到了经济形势不是傻子都能赚钱的时候，就站不稳了。平时要做好基础工作，没什么高大上的工作，全部是最基本的工作。

188

“所有的事都是一件事”，就是既不断磨炼专业功法，又永远不脱离整体

一切学科的发展，都是不断地走向专门化。但是，专门化又恰恰是一条危途，因为它脱离了整体，失去了本来的目标，而发展出自己的标准和目标。比如品牌设计，就发展出一个“设计师标准和目标”，脱离了市场。而真经都在掌握整体的人手里，所以，很多成功的广告词，甚至设计，都是企业老板自己搞出来的。老板成功之后，常常也成为专门化的俘虏，他也就变得不会干了。

中国有一个彻底拒绝专门化的典型，就是椰树椰汁，所以它始终能坚持自己的成功。华与华说“所有的事都是一件事”，就是既不断磨炼专业功法，又永远不脱离整体。当二者有冲突时，牺牲专门，而保留整体。因为皮之不存，毛将焉附！

189

行业中的领先者会在无形中帮助竞争对手成长

一个行业里最优秀的公司，不管你愿意还是不愿意，主动还是被动，都会帮助竞争对手成长，以及提高行业的竞争水平。这个贡献是领先者的宿命。

190

企业应该先坚持三个先进

企业要基业长青，就要坚持三个先进：始终代表先进的生产力，始终代表先进的文化，始终代表消费者的利益。但是，企业上市之后，有了股市KPI，就变成了坚持三个报表：资产负债表，现金流量表，损益表。《大学》云："物有本末，事有始终，知所先后，则近道矣。"三个先进是本，是先；三个报表是末，是后。搞错了本末先后，自然就会得不偿失。我最讨厌的一个词是"市值管理"，你说他不对吧，他确实能管理。你说他对吧，这世上从来没有一个公司能管得了自己的市值。

191

不要想“高招”，
要在最基本的东西上反复下功夫

华与华从来没有什么“高招”，都是基本面，良知良能，不思而得。“爱干净，住汉庭”“新东方，老师好”，都是最基本的。人性的弱点，是舍基本而务高远，因为基本功太难了，而高远的可以随便吹。画鬼容易画犬难，要永远在最基本的东西上反复下功夫，不要弄些鬼画符自欺欺人。

192

企业要在自己的专业领域，
成为全社会的首席知识官

企业要在自己的专业领域，成为全社会的首席知识官，拥有最高公信力，这才是经营的圣杯。不要妄自菲薄，更不要趋炎附势，非要拉别的公共机构来给自己背书。企业本身就是社会的公器。这就是致良知。

193

要着眼于自己手上有的牌

成功的策略往往既不来源于分析市场，也不来源于洞察消费者，而是看看自己手上的牌，到底哪张可以打。“知己知彼，百战不殆”，我觉得也可以改成“只要知己，立于不败”。人性的弱点是老想研究别人，却不能认清自己。

194

一企一策，一事一议

每个企业都不一样，主要是五个不一样：资源禀赋、能力基因、老板偏好、组织文化、历史现实。所以只能辨证施治，因病发药，随时调整，还要同时注意防患于未然。所以能长期合作的，都是天作之合，全靠双方的共识和忍耐。

195

不能在创意上妥协，选用方案，是因为它能让我们看到未来

人们往往看不到一个方案的价值，更看不到不用一个方案的损失，所以轻易放弃。假如当初西贝不用“I ♥ 莜”这个创意，可能损失几十亿。华与华呢？没有这个案例，今天华与华整个餐饮业务线都不会有，华与华也损失几个亿。这就是为什么我不能在创意上妥协，损失太大！

提出一个方案，不是因为这方案“有道理”，而是因为它能让我们看到未来，推算出它实施之后会怎么样，第一步会怎么样，第二步会怎么样，一切基于对实施后的未来场景的预判和推演。有人能往后看一步，有人能看五步，有人不往后看，往之前看。之前只有“道理”，没有判断。

196

不管在哪个行业，归根结底要靠技术领先

符号技术和词语技术是华与华的核心技术。不管你在哪个行业，归根结底都要靠技术领先。就像踢足球，不管什么战略、战术，最终的脚下功夫还是技术，活儿要比别人好。所以，没有创意，策略等于零；没有手艺，创意还等于零。所有人都是手艺人，要练手艺。手艺，就是技术。

197

要果断投入放大运气的资源和努力，才能拥有运气

成功是偶然的，失败是必然的。要成功，最后都需要一点运气。运气来了，门板都挡不住，你若果断投入放大运气的资源和努力，那全世界都会向你靠拢，企业发展会快得你自己都不敢相信。我看到人的主要问题，就是运气来了，他看不见，或守不住，偏要在那没运气的地方瞎碰。

198

不要照搬“西方”的东西，要扎根于自己的文化土壤，做“嫁接”工作

德鲁克说：“日本的管理者成功地把国外的管理观念植入本国的文化土壤之中，并使之茁壮成长，而印度却没有做到这一点。”身为中国企业，亦必须扎根于自己的文化母体。“照搬西方”不是不好，而是你搬不动他的文化土壤和母体，你只能扎根于自己的土壤，做嫁接工作。

199

调研是决策的必要条件，但不是决策本身

调研是决策的必要条件，但不是决策本身。把决策责任推给调研，甚至通过问卷设计推给调研对象，其结果必然是灾难性的。没有“科学的调研”，调研不是科学，是艺术。调研者和调研方案设计，决定调研结果。调研公司的本质，要么是咨询公司，要么是稀里糊涂公司。

200

不要根据调研做决策，要根据自己的观察做决策

不要根据调研做决策，要根据自己的观察做决策。调研不是客观的。“客观”不存在，任何“观”都是“主”在观。相信客观，就是放弃自己的主观，相信别人的主观。10个调研，4个出发点错，3个出发点对，但调研方法错。2个方法对，执行结果错。剩下2个全对打100分，也只能反映25%的有价值信息。

201

直觉和常识往往会比调研报告更可靠

很多人根据“调研报告”做决策，却不知道那“调研报告”有多么不可靠！如果你要一个调研报告，你一定要参与调研方案的制订。如果你不懂得如何去制订一个调研方案，你还不如自己拍脑袋决策。直觉和常识，比90%的调研报告都可靠得多！

202

要保持企业的“人性”

我们的客户定位是成长期企业，成长期的企业才有人性。创业期企业没钱请我们。官僚期企业我们根本不打交道。有的企业，规模很小，却早早地成为官僚机器，不是“活人”。有的企业家，则特别能和官僚斗争，企业规模已做到行业一线，却能不断运用组织变革和企业文化方法，始终保持企业的人性。

203

企业必须有自己的事业理论和产品理论

企业必须有自己的事业理论和产品理论。有事业理论，才能专注坚持，才能志有定向，才能止于至善。有产品理论，才有研发方向，才有先进的生产力。

204

积累是第一生产力，也是第一竞争力

积累是第一生产力，也是第一竞争力。花时间越长的事情，越值得投入、投资去做。三年见成效的事，做出来就领先三年；十年见成效的事，做出来就领先十年。都见金榜题名时，谁知十年寒窗苦？日日不断，不疾而速，至诚无息，活在他人想象之外，几人能懂？几人能照这样去做？

205

少为未来操心，多总结过去，着手于当下

“进入互联网时代，传统的营销不灵了，怎么办？”每当听到这样的话，我都觉得这人口气太大！听那意思，好像“传统的”他都会，担心“互联网时代的”自己不会。其实，我们的主要问题，不是未来的不会，是以前从来就没会过。少为未来操心，多总结过去，着手于当下。

206

企业成长的规律，是要一个台阶一个台阶地上

企业为什么不能坚持一个正确的策略？企业成长的规律，是一个台阶一个台阶地上，不是一条陡直的斜线。开始策略对了，一战而定，一条陡线上去了。上了台阶后，增长不那么猛了，就不习惯了，以为换一招儿就能维持那增长斜率，就想改弦易辙，最后反而把自己折腾没了。

207

经营是服务社会；管理是服务员工；营销是服务顾客

所有的事都是一件事：把别人放在心上。经营是服务社会，把社会，把地球环境放在心上。管理是服务员工，把员工放在心上。营销是服务顾客，把顾客放在心上。

208

华与华的产品开发创意服务，是用营销思维创意产品

研发，研是技术研究、科学研究，要深入本行业的基础科学研究和技术突破，是科研工作；发是产品开发，是营销工作。华与华的产品开发创意服务，是用营销思维创意产品，就是顾客价值、购买理由、使用体验和产品命名，给研发部门提供技术实现的研发任务书。

209

莫让目标绑架了战略

制定战略，首先要标出目标。因为没有目标，就画不出路线图。但多数战略错误都是目标标错了。或者开始时是对的，后来形势的变化已经让目标成为错误了。但目标往往已经在内部广为宣传，成为一个精神象征，这就造成了领导者的一种致命的执着，于是目标绑架了战略。

210

制定战略的首要层次是思考其目的

提出目标不等于有了战略，更不等于能做到。战略的首要层次是目的，你的目的是什么？是自己的权位利益？是夺冠的国家荣誉？还是足球运动的普及？根据目的制定政策。政策之后才是战略，确立战略重心，路线图，突破口，接着你才能有行动纲领和资源计划。

211

任何问题，先解决基本面，解决原点

说到产品，人们会马上想到定位，这就跑偏了。任何问题，先解决基本面，解决原点。你如何定义你的产品？所谓定义，就是把你的产品名编进《现代汉语词典》，后面那名词解释怎么写。很多公司干了多少年，对自己产品的名词解释也整不踏实。把这整踏实了，好多事都解决了。

212

目的高于目标

目标是为达到战略目的假设的一个目标点，它只是一个假设，可能是错的，可能是不必要的，也可能是不充分的。目标是危险的东西，它会给思维设限封顶，让人一叶障目，不见森林。所以团队的行动要聚焦于目标，而决策者要定期重新评估目标。

目的高于目标，当你制定一个战略时，你是要达到某个目的的。然后你必须设定一个目标，再规划一系列的行动，把自己现在的位置和目标连起来。这就是人们通常讲的“我们在哪儿，我们要去哪儿，我们怎么去”。很多战略错在哪儿呢？就错在目标标错了。

213

好的战略带来成本的“此消彼长”，
“此消”是我们的成本越做越低，
“彼长”是对手和我们竞争的成本越垒越高

好的战略带来成本的此消彼长。此消，是我们的成本越做越低。彼长，是对手和我们竞争的成本越垒越高。当我们手握战略镰刀去收割别人的事业领域时，我们的进入成本甚至比在位者的防守成本更低，这才叫战略。如果我们的成本不是越做越低而是越做越高，就证明战略有问题。

214

增长观，发展观，生存观，
是企业家要不断思考的

增长观，发展观，生存观，这是我不断在企业讲的。增长是短期问题，可有可无；发展是战略问题，就是不断建立企业在未来的竞争力；生存是命脉问题，让企业能够“永不出局”，才是老板的根本任务。

215

调查方法决定了调查结果

调查方法决定了调查结果，比如你拿一个广告语去大街上拦访消费者，问他“这广告你信不信？”，除非他有病，才会回答“信”。同样的广告，你问题改为“这样的产品你买不买？”，答“买”的人就多了，这才是本质！

216

任何公司都要有自己的学术定位

任何公司，不仅是咨询公司，都必须有清晰的学术定位：你在这个社会，是哪方面的学术权威？华与华的学术定位是传播学家、符号学家、话语学家。在战略上，以话语获得权力；在产品上，以传播思维开发产品；在传播上，立足于传，而不止步于播。

217

看问题一定要眼光长远，不拘泥于眼前

兵法最基本的就是“先为不可胜，以待敌之可胜”，我们在讨论一个方案的时候，讨论对标某某某，或者是打击某某某，我觉得这个本身就是不对的，也是我们一直以来所反对的。我们要做的是不断强化我们的价值，而且看问题的时间长度一定要长，不能一年只盯着一年的生意，而应该说每经过一年，我的品牌力都更强了。

218

敌动我乱动，不可取！

有的企业家，他瞻前顾后加惰性惯性，什么也决策不了。无论你提什么方案，他都有顾虑：要慎重！有风险！但是，一旦发现竞争对手有了动作，他马上就要动，一分钟都不能等，没方案先瞎动几把也行。我把这种情况称为：傻子过年看邻居。

219

一个理论的框架，必须达到完全穷尽，相互独立

我们说营销4P理论，但有人说4P理论已经过时了，现在流行4C理论，这就是王阳明说的，做学问最忌讳有胜心，前人的学说本已完备，有的人却非要另立一说。当你把你的概念加进来的时候，就破坏了我们说的原则——完全穷尽，相互独立，因为你的概念和原来的概念有重叠。不是不能重叠，而是由于这是一个学术的基本标准，理论要解释一切的事情，一件事情解释不了，这个理论就破产了，只能证伪，不能证实。

一个理论的框架，必须要达到完全穷尽，相互独立。如果不能完全穷尽，相互独立，这个理论也是不合格的。但是这些学者一代一代都不愿意讲别人的学问，也不愿意传播，他们老想做点自己的东西，而听的人往往觉得，4P理论我早就听过了，你讲点新的，老师和学生齐心协力，把真知埋葬了。

220

一战而定不是一劳永逸

一战而定不是一劳永逸，一战而定是我这一招儿下去能成，并不是我这一招儿下去就能躺着收钱了。

221

企业最重要的是有“共同愿景”

一个组织，国家也好，宗教也好，企业也好，最重要的是有“共同愿景”，或者称为“胜利幻想”。费尔巴哈说，幻想的最高级，就是神圣性的最高级。企业的共同愿景，不仅要成为内部员工的共同愿景，更要为顾客制定“胜利幻想”。

222

企业文化的作用，在于发挥制度所不能发挥的作用

所谓企业文化，就是能去到制度去不到的地方，发挥制度所不能发挥的作用。在把握“权变”的时候，大家都有同一个价值标准：这个可以变通，那个真不能变通。

223

不能只看到自己的功名和贡献，选择性无视自己做的“坏事”

这些年有很多企业“野蛮生长”，也有“流氓增长”。但人性的缺点，都是只看到自己的功名和贡献，选择性无视自己干的坏事。那些坏事因为你有“贡献”而得到宽容甚至包庇，但是，当你不再有“贡献”的时候就要被清算。所以，都是待罪之身，挨收拾也不冤，自己要认账。

224

顺服于总体，才能无我而自强

绝对总体性，无我而自强。一体万物，一理万殊，企业是一个总体，企业又是社会总体的一个器官，或一根毫毛。过去、现在和未来，又是一个总体空间内时间序列的总体。总体是绝对的，个体是受总体法则支配的。

225

我们应该始终只关心顾客和自己的价值观、价值链，自得其所，不要去响应竞争

当竞争对手采取某些手段挤占了“你的市场”时，你的第一反应应该是“接受”，而不是“反击”。因为最有效的反击手段，往往就是你变成跟他一样。如此，他还是他，你已经不是你了。市场本来是多样化的，你成就了他，他又何尝不是成就了你。我们应始终只关心顾客和自己的价值观、价值链，自得其所，不要去响应竞争。人生很长，每个人的成败都是自己决定的，跟别人没关系。

226

学别的企业，不能只学皮毛，要学他们的处世之道

叶公问政，孔子说："近者悦，远者来。"近处的人喜悦了，远方的人就来了。海底捞，就是把"近悦远来"理解到了深入骨髓的地步，靠一个"诚"字，把"悦近来远"做到了极致。对客人，你千万别进来，你只要来了，就让你舒服死，非要再来不可！对员工也一样，进海底捞卧底学习准备创业开火锅店的富二代也不创业了，就留在海底捞干！

华与华的经营理念，也是"悦近来远"，但是华与华没有海底捞做得彻底。因为我们对"来远"只是不花时间、不花力气，但还是花钱的。我们每年会投3000万的广告，海底捞呢，它会把这3000万也用于"悦近"。

227

企业的价值观标准不要虚高，要自己保证能做到！

企业价值观不要搞得那么高，所有的高都是虚高，到时候做不到，又放水，成了笑话。华与华核心价值观，就三个字“不骗人”，想想还是太高，解释缩小范围：“不骗客户”，把这个做到就行！服务质量标准呢？也降到最低：“别让客户恨我们”，那就要确保没有一个客户恨我，就算我没给他创造价值，也只是我能力有限，不是骗他。不要拿一些所谓“成功案例”到处炫耀，后面却有更多客户吃了亏，恨得咬碎牙往肚子里吞。他不公开骂你只是因为不想让人知道他的失败罢了。

咨询公司的成功案例，就跟炒股票有涨停板一样，人人都有，成功的概率才是本质。

228

兵法不是战胜之法，而是不败之法

兵法不是战胜之法，而是不败之法。永远是以压倒性的最大投入，去追求一个最小的目标。所以，超预期是大概率事件，上不封顶，运气来了就是红天鹅。黑天鹅是怎么来的呢？那计划者修的是战胜之法，总是想着最美好的事，取法乎上，下不保底，就遇上黑天鹅。

229

公司强大以后，
更要把自己的位置放低，往创业者看

评估广告语，用什么标准呢？就假设你什么基础都没有，谁也不知道你，就给你机会说这么一句话，你这话能不能把东西卖出去。公司强大之后，向前的惯性很大，做什么都无伤大雅，错误都被消化了，谁也不知道。所以要把自己位置放低，往下看，往创业者看，别跟那些已经成功了几十年的国际富二代公司学。

230

定位是自己的事，和所谓的“竞争对手”没关系，也不是为了跟别人“差异化”

一个人从事某项事业，是因为他有某方面的能力和观点，这就是他的定位。比如西贝定位“闭着眼睛点，道道都好吃”，是它创造了一个新模式，把一百多道菜砍成三十三道。莆田餐厅定位“掌握好食材”，因为它的观点是“三分靠厨师，七分靠食材”。洽洽每日坚果定位“掌握关键保鲜技术”，因为它一直是这么做的，资金都投在这儿。华与华定位“超级符号”，因为这是我们的绝活儿。

所有这些定位，都是自己的事儿，和所谓的“竞争对手”没关系，不是为了跟别人“差异化”而定位。我们本来就不同，还需要去刻意制造差异吗？“竞争”这个词有毒，自己不把事情做好，老想去跟别人争，根据别人怎么做来决定自己怎么做。

231

天下无敌，不是打败了所有敌人，而是心里、眼里都没有敌人，只有顾客

商业竞争，是各自用箭去射消费者的心，能不能射中全在你自己，跟旁边那个射的人没关系。你没射中，不能怪别人射中了。那个人射中了，是因为他眼睛盯着消费者，盯着箭靶，眼里根本没有竞争者。他天下无敌，不是打败了所有敌人，而是心里、眼里都没有敌人，只有顾客。

232

成正果，就是要有你的独特价值

所谓成正果，就是你的独特价值，不一定最大，但是无可替代；就是你的市场地位，不一定最高，但是不可撼动，这就能基业长青，江山永固。正果，就是你的本分，你最根本的市场份额。反过来，如果不能守住正果本分，总是追逐更大胜利，就一定是死路一条，必败无疑。

233

做大做强都有风险，做好绝对没风险

今天华与华在北京、上海同时有两场品牌战略发布会，在北京的是“吃盼盼，看冬奥！”——盼盼食品赞助北京2022年冬奥品牌战略发布会。在上海的是“一口咬下一块大奶酪”，奶酪棒我要更大的！——吉士丁大奶酪棒的品牌战略发布会。客户多了，来找的人更多，尤其注意每一个案子都要做好，企业既不需要做大，也不需要做强，唯一的责任就是把每一件事情做好！你做好了，大还是强，自然有命运安排。你做好了，啥都不用怕。

234

你在哪个行业，就承担哪个行业的责任

企业社会责任，是企业的业务，不是企业的义务。你在哪个行业，就承担哪个行业的责任。本职工作以外的事，号召大家出钱出力的，你就跟着出钱出力。没号召你管的，你不要管。因为你去管，好像人家没管好似的。这就是“不在其位，不谋其政”。

第八章

营销之道

营销就是经营人心，

让大家都觉得跟着你有利益、有发展、有提高。

235

营销创意应聚焦于顾客的行动反射

聚焦于“刺激—反射”机制。所有营销创意应集中于顾客的行动反射，研究我该给出什么条件刺激，能让顾客做出行动反射。这样就能拨开其他不本质的精神迷雾，不离靶心。同理，读书学习也是行动反射。如果你不是以自己的行动反射为出发点去读书，不如不要读。

236

传播不能只对目标消费者，要对所有人，要发动所有人

传播不能只对目标消费者，要对所有人，只有发动了所有人，才有传播效能。不住汉庭的人，他也传诵“爱干净，住汉庭”；不喝蜜雪冰城的人，也会唱“蜜雪冰城甜蜜蜜”。高端商品也是一样，如果只有目标消费者知道劳斯莱斯，就没有人买劳斯莱斯了。

“针对目标消费者进行传播”，是广告学的理论缺陷。

237

制定广告策略，不是做目标消费者画像，而是寻找文化母体

制定广告策略，不是做目标消费者画像，而是寻找文化母体。因为目标消费者画像的观点是，不同的消费者，观念和行为都不一样；而文化母体理论，是寻找所有人共同的集体潜意识。比如“爱干净，住汉庭”，对任何人都一样。是目标消费者，你就来住；不是目标消费者，你就帮我传播。

238

顾客价值最大化不如自我价值最大化

营销人员很容易关注顾客价值最大化，客户开发成本太高，怎么卖多点不同的产品给他。不过我不太关注这个，顾客价值最大化不如自我价值最大化。如果你有独一无二的价值，你根本感觉不到什么叫客户开发成本。价值越大，成本越低。

239

在品牌营销上要“无我”

还有一个问题，为什么当我们提出一句品牌口号，总有人担心说“这太low了吧？太没文化了吧？”，提这问题的人，主要是怕别人说自己没文化。为什么怕别人说自己没文化？因为自己没有文化自信。如何能建立自己的文化自信？一是要努力学习，做一个真正有大智慧、大文化的人。二是在品牌营销上要无我，要破心中贼，别老把自己那个小小的“贼心”带入进去。破山中贼易，破心中贼难，所以我这个品牌咨询，主要是心理咨询。

240

有价值不足以满足受众需求，必须超值

为什么要买一送一，而且送的东西一定要有重大价值？因为你卖的东西有人跟你竞争，送的东西则在竞争之外；你卖的东西不一定是刚需，但送的东西你可以创造刚需。公司对客户，员工对公司，公司对员工，都要买一送一。有价值是不够的，必须超值，超级超值。

241

不要说清，要说动

继续鼓动尝试的话题。总有人觉得我们这个产品怎么跟人家说清楚呢？其实不需要说清楚。怎么把消费者说服呢？人家不服，凭什么服你？所以也不要指望说服。但你可以直接把他说动，让他买单。

242

营销就是经营人心，让大家都觉得跟着你有利益、有发展、有提高

营销是两件事，一是让消费者向你买，二是让销售者替你卖。让消费者信赖你，依赖你，让销售商、供应商和公司员工，都觉得跟着你有利益、有发展、有提高。你能不断满足他们日益增长的发展需要，就是经营人心。

243

广告，不要炫耀漂亮的鱼钩，而是要看能不能钓到鱼

如果我们把广告比作钓鱼，我们会发现，很多人往往不懂得把鱼钩藏起来，不懂得克制自己炫耀漂亮鱼钩的强烈欲望。如果所有的鱼都奔走相告：这儿有一特漂亮的鱼钩！还有鱼来咬钩吗？

244

常识就可以提供足够的专业知识

所谓开发产品、营销，并不需要找“专业的营销机构”。你只要对你的使命、你的事业有真正深刻的理解和热爱，常识就能提供足够的专业知识，你的本能就会教会你怎么做。这也是一种“原力”。专业的营销机构的主要专长，是把他自己营销给你。如果他再能激发起你的本能，就算对得起你了。

245

策划创意，要有“同情心”

策划创意，要有“同情心”。情，是情况、情景、情感。同情心，就是设身处地，将心比心。

246

要赞美消费者，不要戏弄消费者

要赞美消费者，不要戏弄消费者。如果你通过戏弄所有人来引人注目，被戏弄的人不会买你的东西。卖东西要挠人痒处，不要触人痛处。

247

顾客购买商品不是因为欣赏你的创意，而是你给了他足够的购买理由

顾客购买商品不是因为欣赏你的创意，而是你给了他足够的购买理由。顾客掏钱是为了满足自己的需求，不是为了奖励你的聪明。

248

亲自做的记录才是营销最可靠的数据

要养成做记录的习惯，别成天张口闭口“大数据”，自己亲身经历的事却没有记录、分析数据以用于决策。项目小组到销售现场去，从开门一直待到打烊，记录进来的每一个顾客和顾客与销售人员的每一句对话，记录每一个顾客的每一条动线和每一个行为，这就是营销最大的数据！

249

广告语的心病：心里总装着竞争对手

看到一个纯净水的广告语是“水就是水”，我一眼洞穿他的肝肺。这句广告语和任何品牌策略无关，是企业自己的心病，病根就是心里装着竞争对手，暗示消费者你不要相信他扯什么大自然。但是，消费者收不到这种暗示，收到也完全无效，只是企业自己给自己吃药罢了，而且也只有副作用，没有正作用。这种病，在华与华的客户中也多发，非常严重，严重到连我都治不了的地步，总是造成巨大损失，有时还是毁灭性的。破山中贼易，破心中贼难。表面上是策略观点，工作意见，本质上都是心病发作。我的职业生涯下一程，主攻心理咨询。做不了心理医生，就绝对做不了一个合格的咨询顾问，你的策略创意再好也没有用，必须先治好客户的心病，他才能正常思考。

250

创意设计没有好和不好，只有会和不会

人们总是花90%的时间研究跟生意无关的事情，又花10%的时间研究一些不重要的事情。至于真因和对策，边都不挨。创意设计这活儿，没什么好和不好，只有会跟不会。

最后一句话我是抄郭德纲的，他说，说相声没有什么说得好与不好，只有会与不会。

251

设计的主要问题在于是否了解设计的目的

工作的关键在于知道工作的目的。设计的主要问题不在于没掌握设计的原则、方法或技巧，主要是不了解设计的目的。

252

方案改不改关键在于判断力

方案改不改关键在判断，你有没有能力判断这方案能否获得市场成功，有没有能力判断修改的方向在哪儿，一辈子练的功夫就是这个。如果做判断的是别人，下苦力的是你，那就死了都要改。如果能参与判断，改起来就不痛苦，还很兴奋。如果客户或上司没判断，那只能不跟他混。

253

定价是一门艺术

定价是神来之笔。营销之难，最难是定价，定价定生死。定价根本不是计算，是艺术！我最赞叹的两个定价案例，一个是云南白药牙膏，另一个是当年的王老吉，价格定得太高超了。

254

设计的要诀在于始终服务于最终目的

设计的要诀在于始终服务于最终目的。市场上大多数的平面设计，都是无用功、废动作，甚至是反动作，起副作用。为什么呢？因为“四个不知道”：

1. 做之前，不知道自己要做什么。
2. 做之中，不知道自己在做什么。
3. 做之后，不知道自己做了什么。
4. 不知道自己不知道。

255

广告是宣传，宣传的力量来源于重复

嗯，这个真值得说一下，不能播十年的广告都不是好广告。最多是换换姿势每年翻拍一次。广告是宣传，宣传的力量来源于重复。你以为老是重复一句话的人是脑子笨想不出第二句话么？浅薄无知的人，往往去嘲笑智商深不可测的人。

256

要谨慎做“新的创意”

做创意工作这么多年，最耗神的不是做新创意，而是阻止客户的新创意。在一个项目开始的时候，大家都谨小慎微，一旦成功，就免不了有大加发挥的冲动，要出“第二阶段策略”。这时候我是母鸡护小鸡，绝不允许改弦易辙。我的“第一阶段”是50年！一招儿得手，50年内我只换汤，不换药！

257

广告的任务就是制造口碑

我们要清楚，口碑是一个很具体的东西，不是简单地说口碑好不好，而是要具体说碑文是什么。广告的任务，就是制造口碑。

258

广告是成本最低的营销方式，应该成为任何企业的标配，日日不断，百年永续

最近接触不少上市公司的股价问题，说中国有四千多家上市公司，但投资者能关注的只有四百家。所以有的公司经营很好，但得不到关注，股价上不去。

我说如果是因为得不到关注，为什么不打广告？既然利润那么好，就想求关注，为什么不打广告？很多问题，归因都是一句话：想挣钱，但是又不想花钱。

广告是成本最低的营销方式，应该成为任何企业的标配，日日不断，百年永续。但不要“砸广告”，因为绝大多数会被砸死。而个别成功的，会鼓舞后人飞蛾扑火。这是人性的弱点，听骗不听劝，愿意拿自己的身家性命去赌一朝之侥幸，而不能理解什么叫只问耕耘，不问收获。

259

如果一个解释需要用另一个解释去解释，那就直接用后面那句

维特根斯坦说，一个解释，如果需要另一个解释去解释它，那么，这个解释就悬在半空。我们大多数人在生活中都能准确表达自己，但是一变成“文案”，他就要研究“怎么说”，然后就把“说什么”搞丢了。

想说什么你就说，就是不思而得的大创意。如果你提出一句口号，需要另一句话去解释它的“内涵”，那就把口号扔掉，直接用后面那句。如果你设计一个标志，需要写一个标志释义来解释，就把那标志扔掉，因为它连自己都解释不了，还能解释什么？若一个解释不是最终解释，如一个解释没有另一个解释就悬在半空，它怎么解释？

260

只有经历了从无到有全部历程的创业者，才真正懂广告

中国真正懂广告、懂创意的人，不是世界500强的中国区市场总监，是那些本土企业的老板；不是4A公司的创意总监，是那些本土广告公司的老板。原因很简单——只有经历了从无到有全部历程的创业者，才能掌握全部秘密。

261

顶层设计不是设计顶层，而是站在顶层的高度，一层层往下设计

顶层设计不是只设计顶层，而是站在顶层的高度，一层层向下设计，任何一层都包含顶层，没有顶层，则任何一层都不成立。比如一个促销单页，也包含顶层芯片能量。要做到从战略到创意、从消费到产品的贯通，广告人是离得最近的。

262

包装设计是快消品营销的战略中心

关于战略重心、决胜点、关键动作，每个行业的特点都不一样，就快消品而言，包装设计就是快消品营销的战略重心，是货架战场的决胜点，是快消品品牌和广告创意设计的关键动作，一切围绕包装设计展开，则事半功倍。缺乏对包装设计的理解，甚至完全是“设计文盲”，是快消品市场的主要矛盾。

263

创意的本质不是发明，是发现

“踏破铁鞋无觅处”，因为发明不出来；“得来全不费功夫”，因为发现了。要以“发现”为出发点去思考，而不是发明创造。甚至都不用“发掘”，因为再也没有比创意更浅显的事情了。好创意一直在你身边，但就是很难发现。

264

如果不是一个深入的消费者，就不能把握到沟通的关键

比如一个建筑师，如果自己没有住过别墅，如何能设计出好的别墅来？广告也是一样，如果自己不是一个深入的消费者，就不能够把握到沟通的关键。所以很多广告，没有一定经历，不到一定年纪，是写不出来的，全在经验范围之外，如何想象呢？

265

广告是一种回应术，目的在于引发受众的回应

广告是一种回应术，写文案就是写程序。NLP身心语言程序学基本原理：沟通的意义不在于沟通者的意图，而在于所引发的对方的回应。经典案例：一场中世纪攻城战，弹尽粮绝的守军准备成仁，将最后的食物放进投石机射向敌人，表达蔑视。同样缺粮的敌人误以为他们食物充足，情绪崩溃，撤退。

266

明白传播学本质，就能明白好多广告上的事

明白听觉与视觉的传播原理，明白口语与书面语的传播学本质，你就能明白好多广告上的事情。

267

创意从哪里来

创意从哪里来？一靠积累，二靠套路，三靠抄袭。积累是每时每刻的生活积累，就是古人画画说的“搜尽奇峰打草稿”，随时你都在打草稿。套路就是好方法用100遍，有用的招儿100年不变。抄袭就是奥格威说的“Search the world and steal the best”，这一条最重要，要明白你想干的事别人早都干过。你以为你搞出了新东西，是因为你见识太少！

268

对于广告，应只问投入，不问效果

经常有朋友问广告效果如何，我说只问投入，不问效果。你若问效果，三个月你就撤退了。你若不问效果，三十年你还在。问效果的人，永远干不过不问效果的。我知道我的广告有一半浪费了，我不会相信谁能帮我“精准”地省回来，我自己多投点，再多“浪费”点，把前面“浪费”的覆盖掉。这就是传说中的“碾压”，用投入的规模和坚持的时间“碾压”，这就是《孙子兵法》，压倒性投入，带来压倒性胜利。

269

广告要可持续不间断投放，成为营销的标配

和做任何事情的道理一样，广告也是靠专注坚持，长期积累。以现有实力能持续下去的，我就做。赌一把的，坚决不干。老板们的毛病，就是心怀侥幸，平时你让他投广告，他像割他身上的肉一样心疼钱。而被人蛊惑的时候，他能一下把全副身家拿去砸广告，以图一步登天。马克·吐温说，世人听骗不听劝，就是这个道理。

270

套路要老，功力要深

套路要老，功力要深，大国市场，大美设计。只用最大众的元素，用近似于公共符号的设计，这也是凡事彻底，把最平凡的元素用到最彻底。华与华方法的设计，可以说是一种“大国之大美”，绝不搞小资情调自娱自乐，而是以大美适应大国市场，产生最大规模的市场效应。

271

不要“说什么”之后考虑“怎么说”，要“说什么”之后考虑“怎么做”

如果你确定“说什么”之后，还要研究“怎么说”，以为这是在做“创意”，这说明你没整明白说什么。所谓说什么，就是除此之外别无他话，再来一个字都嫌多。剩下的是怎么做。如果不做，那话就越来越多。

272

广告不是口号，是行动

广告不是口号，是行动，像我们的口号那样生活，就是言行一致。志向远大，高瞻远瞩，看得见口号后面的战略情景，并且一步步把它实现，就是知行合一。不为气禀所拘，不为物欲所蔽，尽心尽力为顾客利益服务，就是诚意正心。这三条做到，则王天下易如反掌，活在他人想象之外。

273

做广告不要追求最佳效果，而是要追求能得到的最低效果

判断广告方案，不能“想得美”。首先要假设没人会看，不会有效果。然后筑底保住“至少我能有”，并反复投资，最后得到效果。不要老想着“我要什么”，要不断地问“我能得到什么”，这是一个原理问题。从某种角度说，我们追求的是“能得到的最低效果”，不是“我想要的最佳效果”。

274

广告的主角永远是产品

一些人对品牌的认识就是，广告可以不以产品为主角，只要跟人讲点人生哲理，人家就会对他心怀崇敬，然后掏出钱来买他的东西。这种认识，是一种可笑的幼稚病。从另一个角度讲，也是一种莫名其妙的狂妄。

275

打广告，就不要掩饰商业目的，否则无效

打广告，不要叽叽歪歪掩饰商业目的。由于中国文化的某些偏好，很多商人总是“做贼心虚”，追求做“不是广告的广告”，叽叽歪歪掩饰商业目的。对此我讲两条：

1. 不是广告的广告，因为不是广告，所以没有广告作用。

2. 如果一件事的目的需要掩饰，那这事就不该干，这是做人最起码的吧！

276

创意，归根结底是苦力活儿

创意是智力活儿，也是体力活儿，归根结底是苦力活儿。我们都是卖苦力的。

277

营销传播上讲“品效合一”，就是知行合一

营销传播上讲“品效合一”，就是知行合一，你把品和效分开来讲，分开来做，就证明你对品和效都不懂，没有知行合一。

278

公益就是公益，营销就是营销

没有什么“公益营销”，公益就是公益，不求回报；营销就是营销，讲究投入产出。二者不要掺杂在一起，容易出幺蛾子。能力越强，责任越大。有钱了，就有公益责任。公益第一原则：你在什么领域做公益，把钱捐在哪里，要结合你的优势资源和能力禀赋，既能出钱，也能出力，好好规划，长期投资，才能创造出最大的社会价值，而且一定是别人创造不出来的，那才值得你去做。公益第二原则：由内而外，由近及远，逐渐扩大，首先是自己公司员工，提高待遇，加大分配力度；然后是家族的年轻子弟，扶持他们成长立业；再次是你所处的行业，投资基础科学研究和人才教育。还有你企业所在的社区，当然要尽社区公民的责任。这些都做到了，还有花不完的钱，你再放眼天下，看看还能干点啥。

279

广告是修辞学的语言艺术，主要在于掌握古老的理论和方法

广告是修辞学的语言艺术，所谓创意无限，不是脑洞大开，而是掌握古老的理论和方法。

280

互联网时代的营销方法更加趋于复古，使用的是人类最古老的方法

不断被问到华与华方法在互联网时代如何迭代，我们不是迭代，是复古。华与华使用的是人类最古老的方法，远的你可以读亚里士多德《修辞学》，近的可以读拉斯韦尔《世界大战中的宣传技巧》。至于互联网，读麦克卢汉开创的媒介环境学派的书。特别是移动互联网，在社会学上是一种返祖现象，重返部落时代，营销传播方法会更加趋于复古。网络主播就是一种类似小时候县城里摆摊卖跌打药、墨水粉、神奇肥皂的复古现象。

281

避免高雅与成熟，营销传播所使用的，必须是全社会的集体记忆和文化契约

高雅与成熟。所谓高雅，是不常见，是一种理解的门槛，而这二者，正是营销传播要绝对避免的。营销传播所使用的，必须是全社会的集体记忆和文化契约，必须是贩夫走卒也能熟识的符号，那就是超级符号，是人类集体记忆和文化契约中最成熟的果实，我们摘取它，拼装成品牌的果盘，推送给消费者。但是，有的人会乐意扮演评论者，他们睁大空洞的眼睛，去评判那作品是否高雅，这是一种"地命海心"的穷人思维，和街谈巷议评论国际政治没什么两样，越是自己不懂的东西，越有发表意见的热情。真正的高雅，是你的生活方式、你读的书，是你的思想、你的修养，是你自己的事。评价别人是否高雅，正是低俗的表现。

第九章

品牌之道

品牌的最高境界，是成为一种社会存在，

扮演某一方面的社会角色，承担某一方面的社会责任。

282

品牌年轻化是一种病，得治！

不断有客户要求华与华帮助实现“品牌年轻化”，我很奇怪为什么没有企业找我推进“品牌老龄化”，因为我们正在进入一个老龄化社会，后者比前者商业价值要大得多！比如日本高尔夫球场的果岭上都有电梯，这就是老龄化改进。那些要“品牌年轻化”的企业，十几年前他们着急要跟80后沟通，几年前着急跟90后沟通，现在着急跟00后沟通，好像消费者一过了20岁，就跟他们没关系了。据人口统计，90后人口比80后减少了44.2%，00后又比90后减少了33.7%。年轻人钱少人更少，为什么都要去关注年轻人？如果说未来还有什么风口，就是老年市场，我们将迎来中国有史以来消费意愿和能力最强、人数最大的一代老年人，这可能是中国这60年（1980—2040年）经济大周期最后一轮超级红利。

后来，我找到一个案例来回应他们的“品牌年轻化”：知道“累了，困了，喝东鹏特饮”的，就是年轻人；知道“困了，累了，喝红牛”的，就是老年人。

你知道该怎么搞“品牌年轻化”了吧？

283

品牌不是一种商业思想，而是一种文化现象

品牌不是一种商业思想，而是一种文化现象；不是逻辑分析，而是修辞艺术。

284

建立品牌的六大法则

1. 始终保持出品质量稳定。

2. 始终坚持自己的品牌主张。

3. 始终按自己的价值观原则行事，不计后果，没有选择性。

4. 将自身的一切视为元媒体，以超级符号完成全面媒体化设计。

5. 投广告，并将每一次广告视为产品的生产成本和对品牌的长期投资。

6. 摒弃一切短期行为。

285

所谓品牌年轻化，就是你不要改广告词，你的品牌自然就会影响到年轻人

什么是品牌年轻化？说“累了，困了”，能接上“喝东鹏特饮”，就是年轻人。如果你想到的是红牛，就暴露年龄了。所以，所谓品牌年轻化，就是你不要改广告词，你的品牌自然就会影响到年轻人。如果你改了，就把品牌年轻化的机会让给别人了，人家当然也不会客气。这叫“品牌资产接盘”。这样的机会挺多的，因为大多数公司都会丢弃让它们成功的东西。这是人性，企业家就喜欢搞点新东西。

286

用产品开发的思维做公关

公关是企业的社会服务产品，要用产品开发的思维做公关。奇安信的北京互联网安全大会，华与华的百万创意大奖赛，就是这样的公关产品。

287

品牌忠诚，其实是一种生活习惯

“习惯”这个词，大有嚼头。所谓品牌忠诚，其实是一种生活习惯，消费者那么崇拜你吗？认定你是最好的吗？围绕养成“习惯品牌”去思考，如果你的品牌能成为中国人生活习惯的一部分呢，那还得了？

288

品牌的最高境界，就是成为人类的风俗

怎么做创意？如何做品牌？关键是抓住一个“俗”字，风俗、民俗、习俗。品牌的最高境界，就是成为人类的风俗，伏尔泰写世界史，命名为《风俗论》。品牌成为风俗，就活进了人类历史。要抓住这个“俗”字，就要运用人类文化契约的最大公约数，不可追新逐异，一定是在文化母体中寻找最普遍的共识和共情。

这就是华与华的“品牌风俗论”。

289

品牌的最高境界，是成为一种社会存在，扮演某一方面的社会角色，承担某一方面的社会责任

品牌的最高境界，是成为一种社会存在，扮演某一方面的社会角色，承担某一方面的社会责任。这需要定位经营使命，以使命决定战略，决定产品结构，以产品结构解决社会问题，处处都有你的产品和服务。这样，就不仅有顾客黏性，更有社会黏性，是为品牌公民。

290

品牌是一种模仿行为，没有什么“与众不同”的品牌

品牌是一种模仿行为，目的就是要跟自己的“目标模仿群”一样。没有什么“与众不同”的品牌。如果全世界有一款车只有你一个人有，那是你自己拿榔头敲出来的。如果全世界一共两辆，你一辆，比尔·盖茨一辆，这就开始有点意思了。

291

差异化是结果，不是策略

做企业，做品牌，不要想差异化，差异化是结果，不是策略。你能为顾客、为社会解决问题，你干得了的别人干不了，自然就差异化了。

292

差异化讲的是跟竞争对手的关系，不是和顾客的关系

差异化是如何跟竞争对手差异化，是和竞争对手的关系，不是和顾客的关系；是达成顾客关系的手段，而不是目的。以差异化为策略思维的原点，就容易被竞争对手的思维影响。我们的思考原点应该始终是“如何给顾客购买理由”，这才是本质目的。至于对手，我们可以没对手。

293

小众品牌，也要打响市场知名度

小众品牌，也必须大众知名。认为“我们只要很小一部分目标客户知道就可以了”是一个误区。比如劳斯莱斯，如果只有目标客户知道，就没有客户了。

294

品牌知名度、美誉度、忠诚度的三阶段论是伪命题，品牌知晓度、品牌回忆、品牌意向这三项指标较准确

品牌知名度、美誉度、忠诚度的三阶段论是个伪命题，对创作和决策的误导远超过指导。因为经常有人说“我们知名度已经有了，现在要美誉度”，纯属莫名其妙。相反，“品牌知晓度、品牌回忆、品牌意向”这三项指标非常准确，且指导性极强，这就是创作和决策的标准。

295

品牌有义务忠诚于消费者，消费者没有任何义务忠诚于品牌

所谓品牌的粉丝文化是一种幻觉。苹果的粉丝那么粉它，一年出不了革命性产品，大中华区营收就下降了42%。所谓品牌忠诚也是一种狂妄的想法。品牌有全部的义务忠诚于消费者，消费者没有任何义务忠诚于品牌，他们能忠诚于自己的妻子就算圣人了。顾客不会忠诚于任何一个品牌姓氏，任何品牌都没那么重要。顾客只是习惯于一种服务和价值，这是你的综合优势带来的。一旦你的优势不再，价值被竞争者突破，顾客对你的使用习惯就会被打破。不要指望顾客的忠诚度，要随时检讨你对顾客的忠诚度。

296

品牌标识设计，不可有释义，但必须可言说

品牌标识设计，不可有释义，但必须可言说。标识不需要释义，标识释义是走入歧途的危险动作，因为我们设计一个图形，就是因为它可以超越文字，如果图形设计还需要文字解说，这设计就不合格。所谓“深刻内涵”，都是自欺欺人，因为你只能说给自己听，没法说给大众听。追求“深刻”，都是因为自己浅薄，缺什么补什么，满足自己。图形的质量标准必须是一目了然，“深刻内涵”就是废品的意思。但是，标识必须可言说，可言说的质量标准，就是任何一个第一次看到它的人，都能做出同样的描述，这样，才能实现“播传”，放大传播效果。

297

品牌是企业的一种承诺

品牌就是承诺，一生的承诺，承诺了就要去做。最大的品牌战略，莫过于知行合一，言行一致。做的过程，凡事彻底，自然不断有故事，不断生发价值，不断有成果，不断擦亮品牌。企业的所谓品牌问题，无非是自己承诺了啥没弄明白，该做的事又没做，不愿意做的硬说“臣妾做不到啊”。

298

做“品牌”，不要太纠结于在市场上“树形象”

有的企业“做品牌”，太纠结于我是谁，我什么形象，并投入大量精力、财力去在市场上“树形象”，过一阵子不合适了，又要改形象，都是瞎忙。要关注事，什么阶段就做什么事，做什么事就说什么事。至于你是什么人，你办什么事，大家就会认为你是什么人，不用说。

299

别把同行的悲剧当成自己的机会

品牌靠自律，不是靠别人犯错。千万别把同行的悲剧当自己的机会，管好自己就行。

300

企业通过品牌建立和消费者的重复博弈，给消费者在企业犯错时惩罚自己的机会，以换取消费者的信任

品牌是一种博弈机制。企业通过品牌建立和消费者的重复博弈，给消费者在企业犯错时惩罚企业的机会，以换取消费者的信任。当品牌出事时，如企业承担责任，接受惩罚，甚至主动扩大责任加大处罚，则品牌继续有效。如企业逃避惩罚，则品牌失灵。

301

出了问题负责，则品牌生效；出了问题躲避，则品牌失效

中国企业一次次在危机面前犯下推诿逃避的错误，自以为是保护自己，结果造成更大损失。其根源，在于缺乏理论指导。所以，此时提出品牌失灵论有现实意义。当品牌犯错的时候，正是检验品牌机制的时候。品牌犯错，你只是搬起了石头，逃避惩罚，才是将这石头砸向自己的脚。品牌本身是消费者购物的一个风险机制，出了问题你负责任，品牌就生效了，出了问题你躲避，你的品牌就失效了。逃避责任，再试图用广告挽回影响，那怎么可能呢？

302

降低公众监督成本，就是品牌的社会本质

这世上有品牌，不是因为企业需要，而是因为社会需要。品牌是一种成本机制，也是一种风险机制，是一种社会管理机制。降低公众监督成本，就是品牌的社会本质。企业用品牌降低了营销成本和顾客选择成本，也要面对被监督成本大幅降低这一现实。午餐不是免费的。

303

品牌的本质是降低三个成本：企业的营销成本、顾客的选择成本和社会的监督成本

品牌的本质是降低三个成本：企业的营销成本，顾客的选择成本，社会的监督成本。企业经常会提出不要单品牌，因为怕“出事”，不要把鸡蛋都装一个篮子里。这在本质上是想提高社会对他的监督成本，其代价是营销成本也会提高。别痴心妄想把美事都占全喽！

304

仿制品质量比正牌质量差时，消费者会对原有品牌有更积极和强烈的感情

在中国成功的品牌，几乎都是仿制对象。仿制对品牌的影响是什么呢？消费者行为研究发现：当仿制品的质量比原有品牌质量差时，消费者会对原有品牌有更积极和强烈的感情。结论：被仿制只会让厨邦更强，因为仿制者做不到晒足180天，厨邦酱油天然鲜！

305

做品牌如做人，要保持“真我”的价值观

做品牌如做人，要保持“真我”的价值观。我看到很多广告装模作样，跟消费者猜谜语，捉迷藏，玩暗示，装品位，就想到做人的虚荣和虚弱。正所谓空有一副好皮囊，腹内却是草莽，成不了事。

306

品牌平时要积德

品牌如果被“舆情”压倒，就是自己平时积德不够。积德，就是孟子说的养浩然之气。正气充足，就不容易被邪气侵入。我们都缺德，所以积德特别重要。

307

品牌变革是一个学习的过程，要有“保持饥饿，保持愚蠢”的自我意识

品牌变革是一个学习的过程。要警醒自己那种制定战略、坚决执行的思维习惯。要学习乔布斯“保持饥饿，保持愚蠢”的自我意识，多从顾客的角度反过来观察，随时调整，持续改进。

308

成功不是靠做不平凡的事，
而是要把平凡的事做彻底，做到不平凡

盼盼食品品牌超级符号华东区首发，前方传来消息说，品牌周边纪念品都快给参会的朋友们抢光了！我说，就算什么都不改，我们的设计师去印刷厂跟色，印刷效果也要有明显提升，让包装更有卖相！

成功不是靠做不平凡的事，而是要把平凡的事做彻底，做到不平凡。都是心血的注入，汗水的浇灌和时间的积累，这比任何创意都重要。因为创意只是自然而然的结果。客户的品牌发布会，华与华设计师一定去亲自搭建场地，你只有跟到最后一道工序，才能对最终效果负责，才能享受最后的喜悦和幸福！这就是丰田生产方式的精神，也是华与华打造“咨询业的丰田”的含义。

309

做能让顾客引以为豪的品牌

无论你从事哪个行业，你一定要做到对自己的产品有一个自信：就是客户能以这个价格得到我的产品和服务，那是他的福气！这就是自己的定心丸，就是孟子说的有“浩然之气”，能“不动心”。与人相交，又能“忘势”，既不店大欺客，也不允许谁客大欺店。同时，始终滴水穿石，绝不揠苗助长，绝不贪心，有多少客户接受我，我就做多大生意。但是，自己一定不能对人有亏欠，否则，“行有不慊于心”，浩然之气就泄了。所以，如果亏欠他人，要马上买单，加倍买单，才能给自己的车辆“补胎”，继续前进。